KB275284

김영록의
모두를 위한 정책

김영록의 모두를 위한 정책

지역을 아끼고
사람을 돌보는 리더의
진술한 이야기

지음 김영록 윤현석

"사람을 향한 마음으로 정책을 세우고,
늘 현장에서 해답을 찾으려 했다"

메디치

전남과 도민이 잘 되기를
바라는 마음으로
모든 정책 구상

'홍익인간'처럼 명료한 건국이념이자 정책 목표는 있을 수 없다. 널리 인간을 이롭게 한다는 이 말에는 인간 존엄성, 국가의 존재 이유 및 의무, 주권자로서의 국민 등의 의미가 담겨 있다. 대한민국의 시초, 한민족 최초 국가의 건국 신화에 이 글자는 선명하게 남아 있다. 대한민국은 국민이 주인인 국가, 민주국가일 수밖에 없는 운명인 것이다.

대의제, 즉 지역민·국민이 선출한 대표가 국정을 대신 운영하도록 하는 제도를 선택한 이상 가장 중요한 것은 민의일 것이다. 보편타당한 국민의 뜻을 받들어야 하는 대표는 동시에 국가·지역의 미래도 생각해야 하며, 그것이 과연 가치가 있는 것인지도 판단해야 한다. 공직자·주변인·전문가·이해관계인 등의 제안도 수시로 받는 위치에 있다. 경험과 지식을 기반으로 자문·조언 등을 수렴하며, 대표는 모두를 위한 정책을 구상하는 것이다.

정치는 정책의 입안부터 결정·집행·피드백의 전 과정을 함께한다. 논의와 협상의 과정에서 갈등과 마찰을 겪으며, 정책은 사라지기도 하고, 세련되게 다듬어지기도 하며, 너덜너덜해져 그 취지를 상실하는 경우도 비일비재하다. 철저하고 면밀하게 틀을 짜고, 그에 따른 효과를 논리적으로 설득해 수혜자는 물론 상대방의 공감대를 얻는 정책이야말로 지역과 국가를 변화와 혁신으로 이끌어 낼 수 있는 것이다.

애국과 애민은 정책의 기본이다. 국가의 현재와 미래를 걱정하며 보다 나은 대책을 고민하고, 국민의 안위와 행복을 바라는 마음으로 정성을 쏟아야만 좋은 정책을 만들 수 있다. 멀리 세종대왕이나 정조대왕, 가까이는 고 김대중 전 대통령에 이르기까지 훌륭한 리더들은 올바른 국가의 방향을 설정해 냉철하게 공직사회를 이끌었고, 낮은 곳에 귀를 기울여 국민의 일상까지 세심하게 챙겼다는 공통점이 있다.

2018년 7월 전남도지사 취임을 앞두고 막막함에 잠을 못 이뤘다. 민주당과 도민들의 부름을 받아 장관직을 내려놓고 지방선거에 나서 승리했지만, 전남의 여건은 생각했던 것보다 더 심각했기 때문이다. 전남의 통계·자료·계획 등을 미리 살펴보고, 어떻게 고향 전남의 미래를 다시 새롭게 만들 것인가에 집중하며 며칠을 보냈다. 고민 끝에 전남이 가진 자원으로 세계와 경쟁해 보자는 결론에 도달했다. 우리가 가진 것이 무엇인지 잘 살펴보고, 그것의 가치를 따져 본 뒤 미래 비전을 만들고 실천 과제와 전략을 수립하자고 마음먹었다.

그 전에 먼저 할 일은 낙후와 쇠락이라는 자기 부정적이며, 스스로를 절망하게 하는 용어에 지쳐 있던 도민과 공직자에게 자긍심과 자존감을 불어 넣는 일이었다. 민선 7기 기치로 '생명의 땅, 으뜸 전남, 내 삶이 바뀌는 전남 행복시대'를 내걸었다. 이어 전남의 새천년 비전으로 '청정 전남 블루 이코노미'를 발표하며, 도정의 방향성을 정립해 분위기를 쇄신했다. RE100 산업단지, 해상풍력 등 신재생에너지, 남해안 관광벨트, 에너지 기본소득, 우주산업 클러스터, 북극항로, 새천년 인재육성, 국립 의대 유치 등의 정책들은 이 비전에서 출발하고 있다.

민선 8기에 들어서면서 '신해양 친환경 수도 전남', '세계로 웅비하는 대도약 전남 행복시대', 'OK, 지금은 전남, 더 위대한 도민' 등에 이르기까지 전남을 중심에 두고, 도민이 바라는 비전과 정책을 만들기 위해 진심으로 최선을 다했다. 이러한 준비는 새로운 민주정부와 이재명 대통령을 만나면서 꽃을 피우고 있다. 여러 반대에도 불구하고 한국에너지공대를 설립해 법제화했으며, 제약과 한계로 좌절하면서도 해상풍력·태양광 등 재생에너지 기반을 끈질기게 육성한 결과가 'SK와 오픈AI의 글로벌AI데이터센터 설립 결정', '삼성SDS 컨소시엄의 국가AI컴퓨팅센터 후보지 선정'으로 이어졌다고 자부한다.

전남 국립 의과대학 유치는 성공 가능성도 낮고 갈등을 초래할 것이라는 경고에도 불구하고 도민이 바라고, 반드시 해야 할 가치 있는 일이라고 생각해 도정 최우선 과제로 삼았다. 책임감을 갖고 어려운 고비들을 하나씩 넘어갔더니, 목포대학교와 순천대학교가 통합에 합의하고, 의대 설립은 이제 가까운 현실로 다가와 있다. 무안국제공항을 어떻게 해서든 서남권 거점공항으로 만들기 위해 광주 군·민간 공항을 동시 이전해야 한다고 강조하고 무안과 광주를 설득해 나갔다. 처음에는 양쪽 모두 비판적이었지만, 결국 지역 발전을 위한 유일한 방법이라는 것에 동의했고, 이재명 정부 역시 힘을 실어 주면서 조만간 성과를 낼 것으로 보인다.

난제를 피하기보다 정면으로 마주했고, 도민이 바라는 것이라면 일단 추켜들고 고민하기 시작했다. 오랜 공직 경험에서 얻은 지혜, 현장에서 배운 감각, 주변의 진심 어린 조언들, 정치에 입문한 뒤 몸에 익힌 협상 기술 등을 총동원해 정책들을 내놓았다. 무엇보다 간절하게 전남이, 도민이 잘 되기를 바라는 마음이 가득했다.

국가가 위기에 처할 때마다 호남인들은 분연히 나서 자신의 목숨을 내놓고 외적을 맞아 항쟁해 왔고, 현대에 들어서는 대한민국 민주주의를 지키는 마지막 보루가 돼 대한민국의 발전에 기여해 왔다. 그럼에도 불구하고 산업화 과정에서 제외되고, 이후 수도권 일극 체제가 공고해지면서 호남은 청년 인구 유출, 고령화 속에 소멸 위기에 놓여 있는 것이다. 이재명 대통령의 말씀처럼 특별한 희생에는 특별한 보상이 필요했지만, 지금까지 민주정부는 비록 노력했을지언정 제대로 이행하지는 못했다. 그런 점에서 이 대통령의 결단과 추진력은 존중받아 마땅하다. 전남은 이제 새롭게 탈바꿈할 출발점에 서 있다.

'새로운 전남'은 명확한 방향성과 철저한 준비, 도민과 공직자들의 공감과 합심으로 가능하다. 민선 7기부터 지금까지 어려운 지시와 비현실적인 논의를 묵묵히 함께해 준 전남도청의 모든 공직자에게 감사함을 전하고 싶다. 그들이 있었기에 단순한 아이디어가 숨 쉬는 정책으로 다듬어져 도정을 빛나게 했다. 주변 참모와 전문가, 그밖에 전남을 걱정하고, 조금이라도 더 나은 미래를 꿈꾸며 함께 길을 걸어준 도민 모두에게 이 책을 바친다. 마지막으로 대한민국 정치가 사리사욕과 정쟁이 아닌 공익과 정책으로 대결하고 평가받기를 진심으로 바란다.

2025년 12월
남악 전남도청에서
김영록 전남도지사

대한민국은 물론
세계적 현안과도 맞닿아 있는
김영록의 정책

김영록은 행정가이자 정치가다. 1977년 제21회 행정고시에 합격한 그는 전남 곳곳의 현장과 실무, 중앙부처 하급 간부를 경험한 뒤 관선 강진·완도군수를 거쳐 서기관·부이사관으로 전남도청의 과장·국장 등을 지냈다. 이후 다시 행정안전부에서 호남 최초 총무과장, 홍보관리관에 올랐고, 2008년 1월 전라남도 행정부지사로 공직을 마쳤다. 군 생활 기간을 제외하면 27년간 중앙·지방행정을 체득한 것이다.

그는 이 기간을 거치면서 정책이 입안돼 선택되고, 예산이 반영돼 실현되는 시스템과 과정을 정확히 이해했다. 평소 일 처리에 있어 완벽을 지향하는 치밀함, 현장과 행정 간 간극을 좁혀 성과를 내는 세심함, 상급자로부터 인정을 받고 하급자로부터 존경을 받은 그의 조직 우선 사고 등이 빛났던 시간이기도 했다.

정치인으로 새로운 시작에 나선 그는 여기에 결단력과 대담함을 장착해 갔다. 당연하게도 민주당을 선택하였지만, 지역구가 갑작스럽게 변경되었고, 고심 끝에 출마를 결정했다. 군수로서 공적을 인정받았고, 고향인 완도가 포함된 강진·완도 선거구가 선거일을 코앞에 두고 해남·진도·완도로 바뀌었지만, 포기할 수 없는 절박함이 있었다. 유리한 고지에 있다가 오히려 실패할 가능성이 커지는 위기를 맞았지만, 그는 앞으로 나아갔다.

그렇게 어렵사리 정치의 길에 뛰어든 그가 또 한 번 맞닥뜨린 것은 불공정한 당내 경선이었다. 인구 규모가 큰 해남 출신 후보 한 명과 그보다 적은 완도 출신 세 명이 참여한 기울어진 운동장은 이미 결론을 내놓았다. 당내 경선이 본선이나 다름없는 전남에서 주변 모두가 다음을 기약하자고 만류했지만, 김영록의 결정은 아무도 예상하지 못한 무소속 출마였다. 묵묵히 발로 뛰어다니며 성실하게 새 인물론을 앞세운 그는 보란 듯이 당선돼 국회의원 배지를 달았다. 파격적인 행보였다는 평가가 주를 이뤘다.

정치에 입문하면서부터 그는 이미 전보다 강해져 있었다. 대의 정치에서 가장 중요한 것은 민심을 정확히 판단하는 것이며, 행정부가 민의를 받들며, 미래를 준비하도록 법·제도를 완비하는 것이다. 깨끗한 정치, 새 정치, 민생정치를 목표로 삼은 김영록은 자신만의 정치로 빛을 발하기 시작했다. 막스 베버의 말처럼 정치를 소명으로 삼아 원칙을 지키며, 현장의 목소리에 응답하는 정성을 기울인 덕분이다.

김영록의 정책이 완성도를 높여가는 시기이기도 했다. 이미 지방·중앙 행정을 머리와 가슴으로 이해하며, 현장에 대해 누구보다 잘 알고 있었던 그가 협상과 조율, 중재를 거쳐 법·제도를 만들어내는 데 눈을 뜨기 시작한 것이다. 국민의 복리 향상에 직접적인 영향을 미치는 공공서비스의 질을 높이고, 행정이 국민 모두의 일상에 실질적인 도움을 줄 수 있도록 이끄는 데 정치만큼 효과적인 것이 없다는 사실을 그는 알고 있었다.

그가 내놓은 정책들은 몇 가지 공통점이 있다. 가장 먼저 약자에 대한 따뜻함이 담겨 있다. 농어민·축산인·장애인·노약자·소상공인 등을 위해 그가 최초로 도입한 정책들은 어김없이 법·제도를 제·개정하도록 하거나 정부가 관련 대책을 수립하도록 이끌었다.

두 번째, 실질적이며 혁신적이다. 현장을 정확히 꿰뚫어 해결에 나서고, 때로는 그 누구도 시도하지 못했던 방안을 만들어 냈다. 아무리 뛰어난 정책도 주권자인 주민들이 실질적으로 만족하지 못하거나 필요성을 느끼지 못한다면 그 의미를 상실한다. 김영록은 주민의 일상을 변화시키는 적확한 정책을, 전혀 새로운 방식으로 접근하고 추진했다.

세 번째, 미래 지향적이다. 지금 당장에 매몰되기보다는 앞으로 일어날 문제를 내다보며, 근원적인 잘못을 바로잡았다. 전남만이 아니라 대한민국의 미래와 직결되는 문제들을 집어 내고, 방향성을 정립했으며, 열악한 전남의 여건에서 최선의 안을 만들어 냈다. 전문가들의 조언들을 잘 듣고, 그 가운데 핵심만을 찾아내 정책으로 만들고, 방법을 찾아 내 실현시키는 능력이 탁월하다.

네 번째, 진심이 담겨 있다. 정책의 시작, 즉 고민의 이유가 전남의 발전, 도민의 행복에 맞춰져 있다는 의미다. 자신을 위한 정치적 계산이나 사심이 추호도 없다. 전남이 잘 되기를, 도민이 잘살기를, 지역의 미래가 지금보다 더 나아지기를 간절히 바라는 마음이 정책의 출발점이 되고 있다.

다섯 번째, 절실하다. 인구가 계속해서 줄고, 경제 기반이 취약한 전남의 어려운 여건에서 실수나 포기는 용납될 수 없다. 한번 결정하면 반드시 성공시켜야 했다. 그가 주도면밀하게 정책과 사업을 만들고, 이를 뚝심 있게 밀고 나가는 이유다.

여섯 번째, 유연하다. 현장·주민·여건 등의 다름·차이·변화 등을 충분히 감안하면서 방향을 설정하고, 방안을 마련했다. 따라서 부작용이 적고, 이해당사자들의 만족도 역시 높을 수밖에 없다. 주민들과 만나면 항상 이야기를 끝까지 듣고, 응답하는 습관이 몸에 배어 있는 것이 큰 도움이 된다고 할 수 있다.

이러한 김영록의 정책들은 공직사회에 명확한 방향성을 보여주며, 침체일로에 있던 전남에 새로운 비전을 만들어냈다. 그의 정책들은 오랜 시간 가능성만 언급됐던 전남의 햇빛·바람·역사문화자원·섬·해안선·산해진미 등이 가진 잠재력들을 한데 엮어내면서 성장·발전의 기반을 만들었다는 평가를 받고 있다.

민선 7기부터 현재(2025년 10월)까지 모두 83차례의 광역자치단체장 직무수행평가에서 64차례나 1위에 오른 저력은 그가 섬세하게 설계한 정책들 때문이다. 화려한 수사, 강렬한 자극 대신 그는 국민의 일상·삶의 질·미래와 직결되는 수준 높은 정책, 누구에게나 다가가 솔직하게 듣는 낮은 자세, 현장 곳곳을 돌아다니며 부지런히 사람들을 만나는 성실함으로 주권자의 마음을 사로잡고 있다.

그의 정책을 하나하나 분석해 어떤 의미가 담겨 있는지를 살펴봐야 하는 이유는, 앞서 언급했듯 대한민국, 아니 세계가 직면한 문제들의 해결 실마리를 전남에서 찾아내 실현시키고 있기 때문이다. 기후위기, 에너지 전환, 저출생, 불균형 발전, 양극화 등이 대표적이다.

김영록 전남도지사는 이러한 문제들이 경제 기반이 빈약하고, 인구가 감소하고 있는, 즉 가장 약한 고리에서 표면화될 수밖에 없으며, 따라서 공공의 개입과 역할이 더욱더 중요해질 것이라고 예측했다. 특히 주민들의 일상을 책임지고 있는 지방자치단체가 어떻게 하는지에 따라 현재와 미래가 크게 달라질 것이라는 확신을 갖고 정책들을 고민했다.

정책은 시대의 반영이자 미래에 대한 비전이다. 올바른 정책을 구상하고 실현하기 위해 정치가 존재하는 것이다. 관성에 의해 작동하는 행정 시스템을 혁신으로 이끌어야 하는 것이 정치인의 임무다. 주권자를 위한 정책을 만들지 못하고, 이를 실현하지 못하는 정치를 가장 경계해야 한다.

행정은 국민 모두의 일상에 깊숙이 연관돼 있다. 따라서 행정의 혁신은 국민 모두의 행복을 위해 필수 불가결하다. 모두를 위한 정책을 만들고 그것을 실현할 방법을 찾으며, 도저히 어렵다면 법과 제도를 뜯어고쳐서라도, 반대하는 사람이 많다면 설득하고 이해시켜서라도, 묵묵히 추진한 사람이 김 지사다.

어려운 일에 부닥칠 때마다 느끼지만, 고민하면 분명히 답은 나온다. 얼마나 깊이 있게, 진실로 대하느냐에 따라 소요 시간의 차이가 있을 뿐이다. 김 지사는 열악한 전남을 되살리기 위해, 농어민·축산인·소상공인·시장 상인·섬 주민 등 사회적 약자들을 돌보는 데 온 힘을 기울였다. 현장에 나가 직접 소통하고, 사무실에 돌아와서는 공직자들과 정책을 만들었으며, 한계가 있는 경우 법·제도의 문제를 지적하며 정부를 추동했다. 이 과정에서 언제나 자신을 가다듬고 언행을 각별히 조심하여 어떠한 사소한 논란조차 없었다.

일제강점기부터 해방 이후 오랜 기간 국가 경제 발전과정에서 소외되면서 낙후돼 버린 전남의 여건을 조금이라도 개선하는 데 자신의 열정을 쏟았다. 그동안 해결되지 못했던 전남의 숙원사업은 지역구와 상관없이 뛰어들어 정부 부처를 끈질기게 설득하고 아이디어를 짜내 결국 돌아선 그들의 마음을 되돌렸다. 그는 누구보다 성실했으며, 진솔한 마음으로 민원을 대했고, 말할 곳을 찾지 못했던 이들은 그런 김 지사에게 마음을 열고 대화에 나섰다.

지난 9월 10일 밤 9시 김 지사와 지병으로 별세한 고 김후식 전 5·18부상자회장을 조문하기 위해 보훈병원 장례식장을 찾았을 때의 일이다. 조문객들과 일일이 인사를 나누고 함께 앉았는데, 옆자리에서 볼펜 흔적이 여기저기 가득한 그의 손등이 눈에 들어왔다. 흔들리는 차 안에서 보고서를 수정하면서, 또는 생각나는 아이디어를 수첩에 적는 과정에서 볼펜이 왼손 위를 오간 것이다.

한시도 자신의 임무를 잊지 않는 그의 자세에 고개가 절로 숙여졌다.

정부와 지방자치단체의 정책 결정자, 주권자들을 위해 좋은 정책을 고민하고 있는 공직자, 새로운 정책을 발굴·연구하고 있는 전문가, 국가 발전과 국민 행복을 위해 최선을 다하는 정치인 등 누구나 이 책을 읽어 보길 권한다. 압축성장을 통해 단기간에 경제적 업적을 이룬 대한민국은, 다른 선진국을 뛰어넘는 좋은 정책을 통해 그 부작용을 극복해 내야 한다. 좋은 정책을 생산하는 정치인들이 주목받았으면 하는 바람이다. 뛰어난 정책으로 주권자의 일상을 행복하게 만드는 데 일조한 정치인이 존중받는 대한민국이 되기를 희망한다.

2025년 12월

윤현석 전라남도 정책수석(도시 및 지역개발학 박사)

PART 1 미래를 내다보고 철저히 준비한 정책

RE100 산업단지, 가능성을 현실로 만들다　25

신재생에너지 메카 전남, '에너지 수도'로 도약하다　35

미래를 내다보고 철저히 준비한 정책

- RE100 산업단지, 가능성을 현실로 만들다
- 신재생에너지 메카 전남, '에너지 수도'로 도약하다
- 에너지 인재육성을 위해 한국에너지공대 설립을 주도하다
- 국가균형발전에 정치 인생을 걸다
- 전남의 인재가 제대로 성장할 수 있게 지원하다

"김영록은 가까운 미래, 재생에너지의 가치가 커질 것을 예상하고,
대한민국에서 가장 긴 전남의 해안선을 따라 해상풍력단지 조성에 나섰다.
7년여 간 여러 난관에도 철저히 준비하며 때를 기다린 끝에
그의 바람인 전남의 재생에너지와 첨단 미래 산업과의 결합은
조만간 현실이 될 예정이다."

RE100 산업단지,
가능성을 현실로 만들다

'RE100(Renewable Energy 100)'은 2014년 어떤 국제 비영리단체의 자율적인 동참 캠페인으로 세상에 알려지기 시작했습니다. 기업들이 사용하는 모든 전력을 화석연료가 아닌 햇빛, 바람, 물, 지열, 생물 등 자연에서 반복적으로 얻을 수 있는 자원에서 발생하는 에너지로 조달하겠다는 의미입니다.

지구온난화에 따른 기후위기 대응, 탄소 중립 등을 위해 세계 각국은 신속하게 '에너지 대전환'에 나서고 있으며, RE100은 이제 거스를 수 없는 대세로 자리 잡고 있는 상황입니다. 이미 2018년부터는 우리나라 대기업들이 RE100 조건을 맞추지 못해 계약이 무산되는 일이 발생하는 등 경제계 역시 비상이죠.

민선 7기 시작과 동시에
'RE100 산단' 추켜든 전라남도

전라남도가 RE100 산업단지를 조성하겠다고 외부에 밝힌 것은 2019년 초입니다. 이어 민선 7기 들어 2019년 7월 김영록 전남도지사가 전남의 새천년 비전으로 내세운 '청정 전남 블루 이코노미'의 100대 추진 과제 중 하나로 포함시켰는데요. 에너지 분야 19개 과제에 RE100 전용 시범산업단지 조성, 재생에너지 확대를 위한 공공 ESS 구축 등을 넣은 것입니다.

김 지사는 2018년 7월 취임과 동시에 전남이 가진 천혜의 자원 햇빛과 바람으로 에너지를 만들고, 이를 미래 첨단산업으로 연계하는 그림을 그리고 있었던 것입니다. 이광재 전 국회의원 등으로부터 조언을 들은 뒤 김 지사는 확신이 들었고, 이를 강력히 추진하기 시작했습니다.

우리나라에 그 개념조차 생소했던 RE100을 전적으로 받아들이는 것은 물론 이를 통해 산업단지를 조성·운영하겠다는, 당시로는 도저히 불가능할 것 같은 포부를 밝힌 것입니다. 전국 해안선 길이의 43.8%에 해당하는 6,873km의 서남해안 해안선과 광활한 갯벌, 온화한 기후와 높은 일조량, 드넓은 대지 등을 가졌지만, 그 외에는 아무것도 갖춰지지 않은 시점이었습니다.

햇빛과 바람에서 에너지를 생산할 시설, 에너지를 수요처에 공급하는 전력계통, 재생에너지 관련 전문기관 등 미흡한 것이 한두 가지가 아니었습니다. 천문학적인 공공재정과 민간투자, 관련 법·

2025년 9월 24일 전남 에너지 미래 도시 100일 플랜 킥오프 회의를 주재하고 있는 김영록 도지사.

제도의 제정 또는 개정, 농어민을 포함한 이해당사자의 동의 등이 있어야 가능한 일들이었습니다.

김 지사는 일단 재생에너지 분야에서 전남이 가진 잠재력을 전국 곳곳에 알리면서, 한편으로는 국회, 정부 부처, 청와대 등을 찾아 지원과 대책을 촉구하기 시작합니다. 2020년 7월 7일 서울 코엑스에서 열린 '탄소 중립 지방정부 실천연대 발족식'에 참석한 김 지사는 "탄소 중립 실현을 위해 전라남도만의 지역 특성을 살린 블루 이코노미 시책 등을 발굴해 기후변화 대응을 선도하겠다"라고 천명했습니다.

이어 "블루 에너지를 구현하기 위해 재생에너지 발전량 1위인 전남의 신재생에너지를 100% 활용해 'RE100 전용 국가산업단지' 조성에 앞장서겠다"며 "해남에 구현하는 블루 시티는 전국 최대 규모로 조성된 98MW 태양광에너지 자원과 e-모빌리티 자율

주행 교통체계를 결합한 신재생에너지 전용 '탄소제로에너지 빌리지 조성 시범사업'으로 미래형 도시를 선도하겠다"고 강조했습니다. 영화에서나 나올 법한 이야기를 한 것으로, 참석자들은 당연히 반신반의의 반응을 보였습니다.

광주·전북까지 엮어
최초 'RE300' 제안, 법·제도 정비 주장

전남의 역량만으로는 부족하다고 생각한 김 지사는 광주·전북까지 엮어 호남 전체를 '에너지경제공동체'로 만들겠다고 구상한 뒤 이를 곧바로 실천에 옮겼습니다. 2021년 2월 24일 국회에서 당시 이낙연 당 대표 등 민주당 국회의원들이 대거 참석한 가운데 '호남 초광역 에너지공동체 RE300 구축' 용역 착수보고회를 개최한 것입니다.

'호남 RE300'은 에너지 수요 100%를 재생에너지로 대체하고, 200% 초과 생산된 전력은 최대 에너지 수요처인 수도권 등에 공급하겠다는 의미를 담고 있습니다. 이 용역 과업지시서에는 신재생에너지 전용 전력 공급을 통한 에너지 자립, 지역 내외의 전력 공급을 위한 '에너지 고속도로', 수도권 전력 판매에 따른 이익을 도민과 공유하는 시스템 설계 등의 혁신적인 개념을 담고 있습니다. 이대로만 된다면, 산업화에 뒤처졌던 호남이 재생에너지를 통해 도약할 기회를 잡을 것이라는 희망 섞인 전망들이 나오기 시작했습니다.

김 지사는 이 자리에서 정부에 해상풍력 등 대규모 발전단지 인허가를 원스톱으로 처리할 수 있는 '풍력발전 보급촉진 특별법', 에너지 인재 양성의 요람이자 미래 에너지 기술의 플랫폼 역할을 해야 하는 한국에너지공대의 입지를 확고하게 할 '한국에너지공대 관련 특별법'을 조기에 제정해 줄 것을 강력하게 건의했습니다.

문재인 정부 더딘 움직임…
데이터센터 유치에 전력

이 같은 김 지사와 전라남도의 적극적인 움직임에도 문재인 정부와 국회의 움직임은 더디기만 했습니다. 수도권 중심의 사고, 관행에 익숙한 행정 시스템, 정치인들의 이해 부족, 정부의 추진력 미흡 등이 발목을 잡았는데요. 그럼에도 김 지사는 흔들림 없이 전남을 RE100의 산실로 만들기 위해 전력을 다합니다.

2021년 12월 6일에는 국회에서 지역 국회의원 주최로 열린 'RE100 산업벨트 구축을 통한 지방소멸 위기 대응 토론회'에 참석해 "신재생에너지 자급제가 지방소멸 해결의 대안이 되길 기대한다"라고 밝혔는데요. 2030년까지 소비전력 100%를 친환경 재생에너지로 생산하기로 하고, 해남 솔라시도에 RE100 산업벨트를 조성한다는 계획도 내놓았습니다.

여기서 그는 데이터센터 등 에너지를 대규모로 사용하는 기업

2025년 2월 26일(현지시각) 김영록 도지사가 미국 샌프란시스코의 하얏트호텔에서 세계 최대 3GW 규모의 '솔라시도 AI 슈퍼클러스터 허브' 구축을 위해 스탠퍼드센터, 한국에너지공과대, 스탁 팜 로드 (SFR·Stock Farm Road)와 의향서(LOI)에 서명했다.

들이 자리 잡을 수 있도록 유도하는 방안이 필요하다고 언급했습니다. 구체적으로 정부의 재생에너지 기반시설 지원, 기업 유치를 위한 정부의 실질적인 지원, 참여 기업 인센티브 등을 제시했는데요. 이 자리에서는 수도권에 집중적으로 배치돼 전력계통에 부담을 주는 데이터센터의 지방 분산에 대한 당위성도 논의됐습니다. 재생에너지가 넘쳐나는 전남 서남부권으로 기존 데이터센터가 이전하거나 신규 데이터센터를 유치하도록 지원해야 한다는 것입니다.

이후 김 지사와 전라남도는 재생에너지를 공급받을 데이터센터를 유치하기 위해 신속하게 움직였습니다. 2022년 5월 2일 전남도청에서 '글로벌 데이터센터 클러스터 조성 기획 용역' 착수보고회를 연 것입니다. 동시에 전라남도는 '글로벌 데이터센터 클러스터 조성 기본구상(안)'을 마련하고, 전남테크노파크 등 전문기관이 참여한 '글로벌 데이터센터 클러스터 조성 추진단'을 구성해 정례적으로 회의를 열었습니다. 우선 2030년까지 전남 동부권과 서부권에 글로벌 데이터센터 총 10개소를 유치하고, 데이터센터 기반 융복합 산업 육성 기반을 구축하겠다는 목표도 세웠습니다.

2023년 8월 4일에는 국내 데이터센터 선도 기업인 삼성물산 ㈜, ㈜LG CNS 등이 참여한 가운데 민관이 함께 해남 솔라시도 160만여㎡(50만 평)에 국내 최대 1GW(기가와트) '데이터센터 파크'를 조성하는 투자 및 업무협약을 체결했습니다. 40MW(메가와트)급 데이터센터 25개 동을 조성하는데, 2037년까지 10조 원 내외의 민간 자본이 투자되는 대규모 프로젝트입니다. 2023년 11월 10일에는 한국전력과 공동으로 서울에서 데이터센터 유치를 위한 수도권 투자 설명회를 개최하기도 했습니다.

이때부터 대규모 재생에너지를 생산해 제때 공급할 수 있는 생산시설과 전력계통을 전남이 갖출 수 있을지에 초점이 맞춰졌습니다. 정부의 신속한 인허가, 한전의 전력계통 확충 등이 그 전제조건입니다. 김 지사는 2024년 8월 8일 국회 '좋은 정책 포럼' 발족식에서 정부에 특단 대책을 요구하면서, 모두의 자산인 햇빛·바람으로 발생한 이익 중 일부로 에너지 기본소득을 지급하겠다는 구상을 밝혔습니다.

김 지사는 우선 '에너지 고속도로' 설치를 서둘러야 한다는 점을 지적했습니다. 그는 "고속도로 건설비 50%를 정부가 지원하는 것처럼 에너지 고속도로도 재정 상황이 어려운 한전에만 100% 맡길 게 아니라 정부가 적극 지원해야 한다"고 강조한 것입니다. 여기에 분산에너지법에 따른 차등요금제 시행, 재생에너지 관련 인허가권 이양 등을 담은 전라남특별자치도법 제정, 전력 다소비 기업 지방 이전을 위한 대책 수립 등을 정부에 요구했습니다.

이재명 정부 출범과 함께 꽃피운 김 지사의 7년여 간 노력

2025년 2월 미국을 방문한 김 지사는 투자 그룹 스톡 팜 로드의 자회사인 퍼 힐스(FIR HILLS)와 모두 15조 원을 투자해 세계 최대 규모인 3GW 이상의 'AI 슈퍼클러스터 허브'를 조성하는 협약을 체결하기에 이르렀습니다. 해남 산이면 구성지구 일원 120만 평에 2028년까지 7조 원, 2030년까지 8조 원 등을 투자해 AI 컴퓨팅 인프라, 데이터센터, 대규모 ESS 등을 구축하겠다는 것이 주 내용입니다. 하지만 여전히 미흡한 전력계통 확충, 통신·용수 등 필수 기반시설 구축 등이 제때 제대로 이뤄질 수 있을지가 불명확하고 자금 역시 제대로 조달이 안 되면서 투자는 미뤄지고 있었습니다.

그런 상황에서 조기 대선에서 승리한 이재명 대통령은 호남에 대해 각별한 관심을 보였습니다. "특별한 희생에는 특별한 보상이 주어져야 한다"고 강조하면서 새로운 돌파구가 마련될 수 있다는 희망을 제시했습니다. 이에 김 지사는 가장 먼저 RE100 산업단지

2025년 10월 1일 SK와 오픈AI가 전남에 AI 데이터센터를 건립하겠다고 발표한 뒤 10월 15일 열린 전남도청 10월 정례조회에서 이재명 대통령에게 감사의 마음을 전하고 있는 김영록 도지사와 직원들.

를 실현하기 위해 국가산업단지 조성과 전력계통 대폭 보강을 이 대통령에게 제안했습니다. 7년 이상을 주장해왔지만, 제자리를 멈춰 있는 '재생에너지를 통한 미래 첨단산업 유치'를 반드시 성사시키겠다는 강한 의지를 보인 것입니다.

2025년 7월 1일 김 지사는 대통령실을 찾아 강훈식 비서실장, 김용범 정책실장을 면담하고, 첨단산업 및 RE100 융복합단지와 그 배후의 'AI 에너지 신도시'를 중심으로 한 '서남권 인구 50만 에너지 혁신성장 벨트'를 제안했습니다. 이어 8월 20일에도 대통령실의 김용범 정책실장을 만나 RE100 산업단지와 공공 주도 재생에너지 개발 등 에너지정책 핵심 현안을 건의했습니다. 김용범 실장이 'RE100 산업단지 조성계획'과 '차세대 전력망 구축계획'을 발표하며 전남을 중심지로 지목한 것에 대한 후속 조치에 나선 것입니다.

이러한 김 지사와 전라남도의 진정한 노력은 2025년 10월 1일 밤 대기업 SK와 세계적인 AI(인공지능) 기업인 '오픈AI'가 함께 전남에 AI 데이터센터를 건립하겠다고 발표하면서 드디어 빛을 발하게 됐습니다. 여기에 삼성SDS 주도 컨소시엄이 10월 21일 사업비 2조 5,000억 원 규모의 '국가 AI 컴퓨팅센터 구축사업' 대상지로 전남을 선택했습니다. 물론 과학기술정보통신부의 심사가 남아 있지만, 단독 참여라는 점에서 전남에 국가 인공지능(AI)산업 발전 핵심 인프라가 들어설 것은 거의 기정사실로 알려지고 있습니다.

순수 민간 자본으로 설립되는 AI 데이터센터와 민간·공공이 합작하는 국가 AI 컴퓨팅센터가 동시에 들어서면서 전남은 일순간에 세계가 주목하는 미래 혁신 공간으로 거듭나고 있습니다. 이재명 정부 출범 5개월도 안 돼 전남 미래 100년을 좌우할 프로젝트들을 성사시킨 것은 그만큼 만반의 준비가 돼 있었기 때문이라는 평가가 주를 이룹니다.

김 지사가 정부에 지속적으로 관련 법·제도의 정비, 전력계통 확충, 정부의 적극적인 지원 등을 요청하면서도, 한편으로는 기업 및 데이터센터 유치 노력, 꾸준한 관련 이슈 제시, 타 지자체와 연대 시도 등을 쉼 없이 해왔기 때문입니다.

신재생에너지 메카 전남,
'에너지 수도'로 도약하다

2018년 7월 김영록 전남도지사의 취임 일성은 전남의 자원으로 세계와 경쟁하겠다는 것이었습니다. 그는 1년 뒤 이를 구체화하며 '블루 이코노미'를 전남의 새천년 비전으로 제시했는데요. 2019년 6월 26일, 이 비전을 선포하면서 그는 이렇게 외쳤습니다. "섬, 해양, 하늘, 바람, 천연자원 등 전남의 풍부한 블루 자원(Blue Resources)을 바탕으로 지역의 경제적 혁신성장을 만들 '블루 이코노미'라는 새 비전을 실현해 나가겠습니다."

2019년 '블루 이코노미' 발표하며
에너지신산업 수도 선포

김 지사는 5가지 전략을 제시했습니다. '미래 글로벌 에너지신산업 수도, 전남', '남해안 신성장 관광벨트 구축', '세계적 바이오-메디컬 허브 구축', '미래형 운송기기 산업의 세계 중심지 육성', '은퇴 없는 스마트 블루시티 조성'입니다. 6년여가 지난 지금, 그가 제시한 이 전략은 한 치의 어긋남 없이 그대로 추진되고 있습니다. 수준 높은 분석력과 혜안, 치밀함과 추진력 등이 없었다면 불가능한 일입니다. 이 가운데 가장 주목해야 할 것은 '에너지신산업 수도'입니다. 햇빛과 바람이라는 천혜의 자원이 만들어내는 신재생 에너지가 대세가 될 것임을 확신했기 때문입니다.

2018년 7월 민선 7기를 시작한 김 지사는 특히 아무런 기반도 없었던 전남 서남해안에 대규모 해상풍력단지를 조성하기 위해 전력을 기울입니다. 2019년 6월 전남의 새천년 비전 '블루 이코노미'를 발표하면서 8.2GW 규모의 해상풍력발전단지를 신안 앞바다에 조성하겠다고 우선 천명했습니다. 1GW는 1,000MW로, 원전 1기의 설비용량에 해당하니, 원전 8기가 넘는 어마어마한 전력량입니다.

그 첫 번째 행보는 모든 인허가 권한을 가지고 있는 정부 부처를 공략하는 것이었는데요. 2019년 12월 해양수산부 장관을 만나 신안 일대 대규모 해상풍력발전단지 조성을 위해 필수적인 지원 부두와 배후단지를 조성하기 위해 제4차 항만기본계획에 반영해

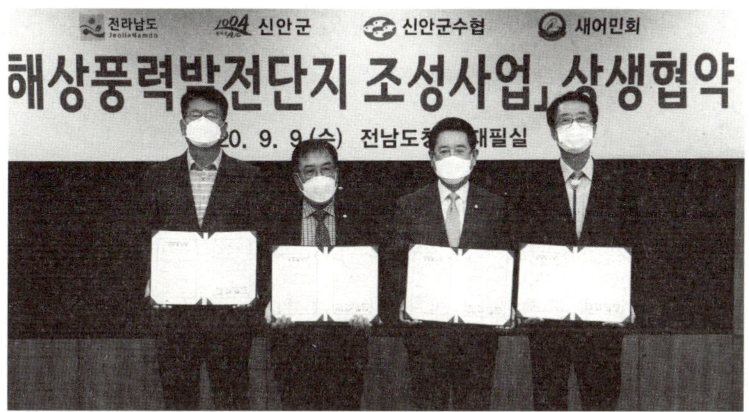

김영록 도지사 등이 2020년 9월 9일 도청 서재필실에서 신안 8.2GW 해상풍력발전단지 조성사업 및 전남 서남부권 해상풍력 산업생태계 구축을 위한 상생협약을 체결했다.

줄 것을 건의했습니다. 곧바로 신안, 한국전력, 전남개발공사 등과 단지 조성을 위한 협약을 체결했는데요. 이 자리에는 산업통상자원부 장관까지 참석하는 등 정부에서도 높은 관심을 보였습니다. 일단 1단계로 8.2GW 규모 가운데 3GW를 신안 임자도 30km 해상에 조성하기로 했습니다.

신안 앞바다에 원전 8기 해당 8.2GW 해상풍력단지 조성계획

이 협약이 중요한 이유는 한전이 참여하는 특수목적법인(SPC)이 3GW 규모 공동 접속설비를 구축해 1.5GW는 직접 사업을 추진(사업비 11조 원)하고 나머지는 추후 컨소시엄 구성 등을 통해 민간 발전사가 추진하도록 했다는 데 있습니다. 전력 생산만이 아니라 유통까지 안정적으로 이뤄질 수 있도록 전력계통을 갖출 수 있게 된 것입니다.

국내 풍력산업 생태계 조성을 통한 일자리 창출을 위해 국내 해상풍력 제조기업의 부품설비를 우선 사용하고, 발전 수익 일부를 지역사회와 공유하는 데 상호 노력한다는 내용도 포함됐습니다. 김 지사는 이 자리에서 "어민과 주민 생업과 환경에 미치는 피해를 최소화하면서 주민 참여 등 개발 이익 공유 방안을 구체화해 주민 수용성을 높이는 데 최선을 다하겠다"고 밝혔습니다. 해상풍력단지를 조성하면서 가장 중요한 관련 산업 부흥과 일자리 창출, 무엇보다 바다에 기대어 살아가는 어민과 해안가 주민들을 세심하게 살폈습니다.

2020년 1월에는 유럽 덴마크를 찾아 해상풍력 전용 배후단지를 조성한 에스비에르항을 찾았습니다. 덴마크는 에스비에르항에 2003년부터 2017년까지 2억 3,000만 유로(약 3,000억 원)를 투자해 1㎢(약 30만 평) 면적의 해상풍력 전용 배후단지를 조성했습니다. 김 지사는 덴마크를 찾기 직전 '제9차 국가전력수급기본계획'에 신안군 일원 해상풍력단지 발전 설비용량(3GW 이상)을 반영해줄 것과 '제4차 항만기본계획'에 해상풍력 발전단지에 필요한 지원 부두(철재 부두 3만t급, 1선석) 및 배후단지(27만 6,000㎡) 조성사업을 우선 반영해줄 것을 중앙정부 등에 건의한 바 있습니다.

이후 국회를 찾아 전문가들과 함께 포럼을 열어 전남의 신안 해상풍력단지 조성사업을 더 적극적으로 알리고, 정부의 송전망

확충, 에너지개발구역 지정, 지원부두·배후단지 조성의 필요성을 설득하는 노력을 기울입니다. 2020년 7월 국회에서 '해상풍력 산업생태계 조성 포럼'을 개최한 데 이어 9월에는 신안 지역 어민·주민들과 함께 상생협약을 체결했습니다.

대부분의 대규모 재생에너지사업이 인근 주민의 반대로 좌초돼왔기 때문입니다. 김 지사는 유사 사례를 검토해 민간 발전사 중심의 해상풍력발전사업을 지역사회가 참여한 '전남형 상생일자리 모델'로 추진했습니다. 신안군이 '바람 연금', '햇빛 연금'을 줄 수 있는 근간을 마련한 것입니다.

법·제도 개정 등 정부 설득하면서
주민 수용성 증대 노력

아이너 옌센 주한 덴마크 대사를 만나 덴마크 지자체는 물론 기업 간 교류협력의 가교역할에 나서 줄 것을 요청하는 한편 '해상풍력 산업생태계 조성 연구용역'에도 착수했습니다. 전라남도 자체 노력만으로는 한계가 있지만, 그럼에도 불구하고 대규모 해상풍력발전단지 조성에 필요한 부품별 산업단지 배치, 연관 기업 유치, 전문인력 양성 등 종합적인 해상풍력 산업생태계 구축에 속도를 낸 것입니다. 이어 2026년까지 조성될 목포신항 지원부두 및 2단계 배후단지를 '제4차 항만기본계획'에 해상풍력 부지로 반영시키는 데 성공한 뒤 이미 조성돼 있는 1단계 배후단지를 '해상풍력 특화구역'으로 지정해 줄 것을 정부에 건의했습니다.

2021년 6월 덴마크의 베스타스, 씨에스윈드와 업무협약을 체결한 전라남도는 2022년 3월 이보다 진일보한 합작법인 설립을 위한 업무협약을 체결합니다. 민선 7기 들어 해상풍력산업을 완성하기 위해 백방으로 뛰었지만, 아쉽게도 2022년 3월 실시된 제20대 대통령선거에서 민주당이 패배, 윤석열 대통령이 당선되면서 김 지사와 전라남도는 위기에 봉착합니다. 윤석열 정부는 문재인 정부의 기조를 전면 부정하고, 재생에너지가 아닌 원자력에 더 주목하며, 탄소 중립이나 기후위기 이슈도 외면했기 때문입니다.

하지만 김 지사는 포기하지 않았습니다. 그는 2022년 11월 산업통상부가 2030년까지 풍력 보급 목표를 연간 1.9GW로 설정하고, 태양광·풍력 발전량 비율도 당시 약 87대 13에서 60대 40으로 조정한다는 내용이 담긴 '에너지 환경 변화에 따른 재생에너지 정책 개선방안'을 발표하자 이를 기회로 생각했습니다.

김 지사는 정부가 제시한 풍력 보급 목표를 달성하기 위해서는 해상풍력 인허가 소요기간을 평균 5~6년에서 2년 10개월로 단축할 수 있는 '풍력발전 보급촉진 특별법' 제정이 시급하다는 점을 강조하고 정부 부처, 국회를 설득하기 시작합니다. 또 2022년 11월 '거스를 수 없는 새로운 변화의 바람, 해상풍력'을 주제로 국회에서 열린 포럼에서는 처음으로 전기요금의 차등제 도입을 주장했습니다. 전력을 생산하는 지역과 소비하는 지역에 차등을 둬 현재 중앙집권 형태의 전력 시스템을 개편해야 한다는 내용입니다. 즉 에너지를 통해 수도권에 몰려 있는 기업의 지방 이전을 촉진하겠다는 의지를 밝힌 것이죠.

덴마크, 노르웨이 등과 협약 체결…
풍력 산업생태계 조성 전력

해를 넘겨 2023년부터는 '신안 해상풍력 집적화단지 사업계획 (안)'을 정부에 제출하기 위해 속도를 냅니다. 민관협의회를 열어 8.2GW 해상풍력단지 가운데 1단계 사업인 4.1GW(12개 발전단지) 사업계획을 공유하고, 의견을 수렴한 것입니다. 2024년 4월에는 4년여 만에 다시 덴마크를 찾았습니다.

덴마크 코펜하겐에서 세계 1위 터빈회사인 베스타스, 세계 최 정상급 해운회사인 머스크와 해상풍력 터빈공장을 목포신항에 설립하는 투자협약(MOA)을 체결하기 위함이었습니다. 목포신항 의 모델이 될 오덴세항도 찾았습니다. 오덴세항에는 150여 해상 풍력 관련 기업이 입주해 1,800여 해상풍력 부품·기자재를 생산 하고 있는데요. 그는 여기서 목포신항을 아시아·태평양 해상풍력 허브로 조성할 수 있다는 확신을 가졌습니다.

전라남도의 꾸준한 건의와 요청을 외면한 윤석열 정부는 2024년 5월 정부 주도로 해상풍력특별법을 추진합니다. 김 지사 는, 이 법안에는 입지 적정성 평가 의무 규정이 있어 기존 사업에 오히려 장애 요소로 작용될 수 있고, 지자체 권한이 미흡해 해상 풍력산업 육성에 어려움이 있을 것으로 판단했습니다. 그래서 이

2022년 3월 8일 김영록 도지사는 서울 성북구 주한 덴마크 대사관저에서 베스타스-CS윈드 사와 해상풍력 협력을 위한 협약을 체결했다.

에 대해 전면 재검토하거나 수정이 어려우면 제22대 국회에서 새로운 특별법을 발의·제정할 것을 민주당에 요청했습니다.

2024년 6월에는 덴마크와 함께 역시 해상풍력 선진국인 노르웨이의 발전사 '딥윈드오프쇼어', 서부노르웨이응용과학대학 등과 '해상풍력 연구개발 및 인력양성 협력 업무협약'을 맺습니다. 정부를 상대로 할 일을 하면서, 미래를 내다보며 지역 차원에서는 만반의 준비를 해놓는 그의 업무처리 방식을 엿볼 수 있습니다.

2025년 이재명 정부 출범, '에너지 대전환' 전남이 선도

만족스러울 정도의 수준은 아니지만, 해상풍력발전단지 조성사업은 조금씩 그 성과를 냅니다. 준비된 곳에 사업이 몰릴 수밖에 없기 때문입니다. 2024년 8월 산업통상자원부는 제300차 전기위원회를 열어 전라남도가 찬성의견을 제출한 영광 칠해 1·2, 신안 후광 해상풍력발전사업을 조건부로 허가했습니다. 전라남도의 허가 규모는 16GW에서 17.3GW로 늘었는데요. 전국(28.9GW)의 약 60%에 해당하는 수치입니다. 이어진 산업통상자원부의 '2024 공공 주도 대규모 해상풍력단지개발 지원사업(수행기관) 공모'에서 신안군에 이어 여수시가 선정됐습니다.

김 지사는 2024년 11월에는, 지난 4월에 이어 덴마크 베스타스 헨릭 앤더슨 회장을 전라남도청에서 다시 만납니다. 두 사람은 2년 내에 터빈공장을 착공하기 위해 물동량 확보와 정부 정책 건의를 위해 함께 노력하기로 하는 등 상호 협력 관계를 다졌습니다.

2025년 2월 드디어 '해상풍력발전 보급촉진 및 산업 육성에 관한 특별법'과 '국가 기간전력망 확충 특별법'이 국회 본회의를 통과합니다. 해상풍력 인허가 절차가 대폭 간소화되고, 민간투자 활성화를 위한 법적·제도적 기반이 마련됨과 동시에 재생에너지에 대한 전력계통이 신속하게 설치되면서 해상풍력, 태양광 등 재생에너지 기반의 에너지 대전환이 더욱 속도를 낼 수 있게 된 것입니다.

4월에는 드디어 아시아·태평양 최대이자 세계 2위 규모인 '3.2GW 신안 해상풍력발전단지'가 산업통상자원부 신재생에너지 정책심의회를 거쳐 집적화단지로 지정됐습니다. 이를 계기로 여수·고흥을 중심으로 한 동부권 13GW 해상풍력단지 등 전남 전역에 해상풍력 30GW 보급, 도민 에너지 기본소득 1조 원 달성,

신안 자은도의 해상풍력.

해상풍력 연관 기자재 산업단지 조성, RE100을 필요로 하는 대기업 유치 등에 이르는 김 지사의 오랜 계획이 드디어 본격화되었습니다. 2018년 7월 민선 7기 전남도지사로 취임하면서 자신이 그렸던 대한민국 에너지산업의 수도이자 아시아·태평양 해상풍력 중심지로 전남을 도약시키겠다는 약속이 하나씩 실현되고 있는 것입니다.

민간 데이터센터 등
재생에너지 메카 전남으로 향하는 기업들

이재명 정부 출범 이후 화석에너지가 아닌 재생에너지 중심의

'에너지 대전환'에 나서면서 김 지사의 해상풍력산업에 대한 치밀한 준비는 주목을 받습니다. 이러한 자신감은 2025년 6월 '세계 해상풍력 허브로의 담대한 도전'을 주제로 여수엑스포컨벤션에서 열린 해상풍력산업 박람회에서 드러납니다. 이 박람회에서 김 지사는 전남 서부권을 넘어 동부권 13GW 해상풍력 비전을 선포하고, 에너지 기본소득·기자재 공급망 구축 업무협약 등에 나섰습니다. 이어 산업통상부가 전남 서해안 해상풍력 7개 사업 2.6GW 규모를 허가합니다. 이로써 기존 허가받은 18.7GW까지 합쳐 21.3GW의 발전이 가능해, 목표로 삼았던 30GW에 더 다가가게 됩니다.

2025년 7월에는 산업통상자원부 산하 전력거래소가 발주한 1조 5,000억 원 규모의 배터리 에너지 저장장치(BESS, Battery Energy Storage System) 7개를 전라남도 내 컨소시엄들이 모두 휩쓸었습니다. 이제 비로소 전남이 해상풍력 등 재생에너지를 통해 데이터센터, 반도체 등 첨단산업을 유치할 수 있는 기반을 갖춘 것입니다.

이재명 정부는 7년 이상 비상한 노력으로 월등한 자격을 갖춘 전라남도에 아낌없는 지원을 시작합니다. 2026년 예산안에 국내 최초 해상풍력 핵심부품 시험센터를 영암 대불산업단지 내에 설치하는 데 국비 150억 원을 반영했습니다. 이 사업은 전라남도가 그 필요성을 인식해 선제적으로 기획해 중앙정부에 건의했다는 점에서 의미가 있습니다.

이러한 해상풍력에 대한 김 지사의 확신, 현실화시키려는 끈질긴 노력, 반신반의하는 정부와 정치권을 설득하면서도 자체 역량을 높여온 치밀한 전략 등이 어우러지면서 전남은 천혜의 자원을 현재 그리고 미래의 자산으로 만들어낸 것입니다. 해상풍력이 없었다면 RE100 산업단지 조성이나 AI데이터센터 클러스터 조성 등은 생각조차 못 했을 것이라고 전문가들은 평가하고 있습니다. 그만큼 해상풍력을 선점하고, 이슈를 리드한 것은 탁월했다고 할 수 있습니다.

에너지 인재육성을 위해
한국에너지공대 설립을 주도하다

윤석열 정부는 어렵게 들어선 '한국에너지공대'(이하 에너지공대)를 아예 타 대학과 통폐합하려고 시도했습니다. 에너지공대 출연금 축소, 총장 해임 건의, 감사원 감사 등에 이어 공공연하게 광주과학기술원이나 전남대학교 등과 합치거나 심지어 폐교까지 언급할 정도였는데요. 해상풍력, 태양광 등 재생에너지를 이용해 미래 첨단산업이 입주하는 RE100 산업단지를 적극적으로 추진한 김영록 전남도지사는 에너지 인재를 양성하는 에너지공대를 반드시 지켜내야 했습니다.

광주와 치열한 유치전…
전폭적인 지원 앞세워 유치한 김 지사

2019년 1월 광주와 치열한 경쟁을 거쳐 에너지공대 유치에 성공한 김 지사는, 에너지공대를 공약한 문재인 정부 집권 기간 내, 즉 3년 안에 특별법 제정, 캠퍼스 준공, 개교 등을 신속하게 마치기 위해 전력을 기울였습니다. 대학 설립과 관리를 맡아야 할 한국전력(이하 한전)의 적자가 누적되고 있었고, 당시 야당이 이를 강력하게 반대하는 상황에서 전남의 미래를 위해서 에너지공대를 반석 위에 올려놓아야 한다고 다짐했기 때문입니다. 그러한 김 지사의 철저한 준비 덕분에 윤석열 정부와 여당의 온갖 압박과 그에 따른 위기에서 벗어난 에너지공대는 국내·외 에너지 전문가를 전남으로 불러 모으고, 에너지 혁신 인재를 배출하며 에너지 수도 '전남'을 든든하게 뒷받침하고 있습니다.

2017년 5월 출범한 문재인 정부는, 햇빛과 바람이 풍부한 전남이 신재생에너지산업의 메카로 성장하겠다며 건의한 에너지공대를 대선 공약으로 내걸었습니다. 노무현 정부의 공공기관 이전과 혁신도시 조성 방침에 따라 광주·전남이 공동으로 빛가람혁신도시를 조성하면서 국내 최대 공기업인 한전을 유치하는 데 성공했는데요. 이를 통해 에너지 관련 기업들이 자리를 잡고, 에너지국가산업단지가 조성되는 산업 기반은 마련됐지만, 문제는 에너지산업의 혁신을 이끌 인재가 없다는 것이었습니다.

김 지사는 전남 재생에너지산업의 심장이라고 할 수 있는 에너

2021년 6월 1일 나주 빛가람혁신도시 내 대학부지에서 열린 한국에너지공과대학교(KENTECH·켄텍) 캠퍼스 착공식에서 김영록 도지사가 축사를 하고 있다.

지공대를 유치하기 위해 파격적인 제안을 합니다. 10년간 2,000억 원을 나주와 함께 부담하면서 동시에 부지 역시 부영건설로부터 무상 제공을 이끌어냈습니다. 당연히 한전은 회사와 가깝고 재정 부담을 덜어낼 수 있는 전남을 선택했습니다. 지역 발전을 위해 필수시설이라고 판단하고, 공격적이며 적극적으로 임한 것이 성과로 이어졌습니다.

전남 재생에너지산업의 심장
'에너지공대' 개교하자마자 위기

김 지사는 부지 선정 이후 "에너지공대를 중심으로 '에너지산업 융·복합단지'를 만들어나가고 에너지밸리에 에너지 관련 대기업을 적극적으로 유치하겠다"며 "한전공대가 에너지 신산업에 특화된 세계적 공과대학으로 우뚝 서도록 적극적으로 지원해 빛가람혁신도시가 대한민국 더 나아가 전 세계 에너지 신산업의 메카로 자리매김하게 할 것"이라고 밝혔습니다.

전라남도는 이후 '한국에너지공과대학교법안'의 통과를 위해 백방으로 노력했습니다. 김 지사는 여·야 지도부를 여러 차례 방문해 법안 제정 필요성과 대학 설립 당위성을 설명했는데요. 지역 국회의원 10명과 함께 한국에너지공과대학교법의 신속한 제정을 촉구하는 성명서를 발표해 분위기를 돋운 뒤 산업통상자원중소벤처기업위원회, 법제사법위원회에서 본회의 의결에 이르기까지 한 치의 착오도 없도록 지원에 나섰습니다. 이렇게 특별법은 2021년 3월 야당인 국민의힘의 반대를 딛고 본회의를 통과했습니다.

특수법인 설립, 대학 모집 요강 발표 등에 이어 특별법 통과에 이르기까지 3개월도 안 돼 끝마치고 2021년 6월 1일 세계 유일 에너지특화대학인 에너지공대가 드디어 나주 빛가람혁신도시에서 착공식을 열었는데요. 학생 모집 절차, 캠퍼스 건축을 차질 없이 추진하는 것이 과제로 남았습니다. 특히 2022년 3월 개교를 앞둔 시점에서 첫 입학생에게 실망을 줄 수 없었던 김 지사는 이후 캠퍼스 조성에 각별하게 신경을 기울였습니다.

개교 두 달을 앞둔 2022년 1월 3일 에너지공대 건설 현장을 찾은 그는 신입생이 사용할 5,000㎡ 규모의 본관과 에너지신기술연

한국에너지공대 입학식. 2022년 3월 2일.

구소 등을 둘러봤습니다. 본관의 공정률은 당시 약 85%, 대학원생이 임시 연구소 등으로 사용할 임대교사 에너지신기술연구소는 2021년 10월 준공된 상태였습니다. 신입생은 수시 모집에서 100명을 선발했고, 교수는 42명을 채용했는데요. 짧은 시간에도 거의 완벽한 수준에서 개교 준비가 이뤄지고 있었습니다.

그렇게 2022년 3월 2일 역사적인 에너지공대가 개교했습니다. 중앙정부, 전라남도와 나주시, 한국전력 등이 함께 만들어 낸 '에너지 인재 양성 및 연구 개발 허브'가 가동을 시작한 것입니다. 하지만 2022년 5월 출범한 윤석열 정부로 인해 에너지공대는 개교 1년여 만에 큰 위기에 직면했습니다. 2023년 5월 산업통상자원부 장관이 한전 적자를 이유로 에너지공대 출연금 지급을 재검토하겠다고 밝혔기 때문입니다. 2030년까지 한전이 6,873억 원을 투입해야 캠퍼스가 제대로 준공될 수 있는 상황에서 주무 장관의 이 같은 발언에 이어 총장 해임 건의, 감사원 감사 등 정부의 압박이 이어졌습니다.

윤석열 정부 압박에도 측면 지원하며, 불안해한 학생들 격려

에너지공대의 불확실한 미래를 걱정하는 목소리가 높아졌는데, 김 지사는 에너지공대, 지역 정치권, 야당이 된 민주당 등과 협력체계를 구축하고, 정부 조치에 강력 반발하거나 때로는 에너지공대의 존재 이유를 적극적으로 설명하면서 방어에 최선을 다했습니다. 불안할 수밖에 없었던 에너지공대 학생들을 위한 배려도 잊지 않았습니다. 김 지사는 2024년 1월 미국 라스베이거스에서 열린 '소비자 전자제품 전시회(CES)'를 견학하고 있던 에너지공대 학생들과 타운 홀 미팅을 갖고 그들을 격려한 것인데요.

그 자리에서 그는 학생들에게 대학에서 창업한 스타트업의 성장 지원 계획을 밝히고, '에너지 수도 전남' 실현을 위한 연구 활동에 매진해 줄 것을 당부했습니다. 김 지사는 "에너지공대는 에너지 대전환 시대를 헤쳐 나갈 초격차 기술 확보와 창의 인재 양성을 위해 꼭 필요한 세계적 대학"이라며 "전 세계적으로 탄소 중립 실현과 첨단 기술 주도권 확보 경쟁이 치열해질 것으로 예상되며, 이에 맞춰 해상풍력산업, 청정수소산업 등을 적극 육성해 에너지 수도로 확고히 자리매김하도록 하겠다"고 설명했습니다.

어려운 시간을 견뎌낸 에너지공대는 윤석열의 국회 탄핵 직후인 2025년 1월 광주과학기술원, 전남대학교 등과 '광주·전남 미래 지역 혁신 포럼'을 통해 협의체 구성 업무협약을 체결하고, 국가사업 공동 건의, 글로벌 인재 양성을 위한 교육·연구·산학협력 활동을 함께 추진하기로 했습니다. 지역 우수 대학들과 연대하며 기지개를 켠 것인데요. 이어 3월에는 전라남도, 광주광역시, 광주과학기술원, 전남대학교 등과 함께 포럼을 열고 '미래 산업 중심 지역 협력 모델 구축'을 주제로 심도 있게 논의했습니다.

김 지사는 민선 7기와 8기 국책 연구시설인 다목적 방사광가속기에 이어 인공태양의 유치를 위해 노력하고 있는데, 에너지공대는 이러한 시도를 할 수 있는 근간이 되고 있습니다. 인공태양은 인공지능(AI) 시대 전력 엔진으로서, 바닷물에서 얻을 수 있는 중수소와 삼중수소를 연료로 삼아 태양 내부의 에너지 생성 원리를 지구에 구현하는 기술입니다. 수소 1g으로 석유 8t에 맞먹는 전력을 생산할 만큼 효율적이며, 이산화탄소를 거의 배출하지 않아 탄소 중립 실현에 최적화된 청정에너지로 평가됩니다. SK와 오픈AI가 투자하는 글로벌AI데이터센터, 삼성SDS 컨소시엄의 국가AI컴퓨팅센터 등을 유치하는 데 성공한 전라남도에 더없이 필요한 시설입니다.

핵융합 다루는 인공태양 공모 참여도
에너지공대 있어 가능

에너지공대에는 핵융합, 방사광 등의 전문가들이 교수로 포진하고 있으며, 관련 석·박사들의 연구진, 국내외 네트워크까지 구축하고 있습니다. 과거에는 생각하지도 못했던 정부의 에너지 관련 국책 프로젝트들도 선점할 수 있게 됐습니다. 전라남도는 이미 2021년 인공태양 에너지 기술 실현과 연관 산업 선점을 위해 과학기술정보통신부 '초전도체 시험설비 구축(사업비 498억 원)'사업을 에너지공대에 유치해 2028년 준공을 앞두고 있습니다. 이와 함께 2023년 인공태양 포럼, 인공태양 기업 간담회를 개최하는 등 산학연 간 협력을 주도할 수 있는 것도 에너지공대가 자리하고 있기 때

2024년 1월 10일 미국 라스베이거스에서 열린 '소비자 전자제품 전시회(CES)'에서 한국에너지공대생을 만난 김영록 도지사가 기념사진을 촬영하고 있다.

문입니다.

핵융합을 다루는 인공태양 연구시설의 유치에 있어 에너지공대가 한국전력, 관련 기업 등과 시너지를 이룰 수 있다는 것이 무엇보다 큰 강점이 될 것입니다. 김 지사는 민선 7기를 시작하면서 신재생에너지와 첨단 미래 산업과의 연계를 고민하기 시작했습니다. 해상풍력·태양광·수소 등 재생에너지산업 육성, 한전 전력계통 문제 개선, AI데이터센터·반도체공장 유치 노력 등은 그 산물이라고 하겠습니다.

그는 이를 실현하기 위한 에너지 인재가 필요하다는 사실을 이미 인지했으며, 에너지공대를 반드시 전남에 자리하게 해야 한다는 생각으로 강력하게 추진해 이를 관철시켰습니다. 이후 에너지공대는 전남 에너지산업에 있어 없어서는 안 될 핵심 기관이 된 것입니다. 김 지사의 혜안과 판단력, 전략과 추진력을 엿볼 수 있는 정책이라고 할 수 있겠습니다.

2018년 7월 민선 7기를 시작한 김영록 전남도지사는 취임하자마자 지역균형발전을 강조하고 나섰습니다. 당시 문재인 정부는 대통령 소속 자치분권위원회를 두고 자치분권 종합계획안을 마련하고 있었는데, 김 지사는 자치분권과 함께 중요한 것이 지역균형발전이라고 한 것입니다. 지역균형발전 차원에서 지방분권이 함께 추진되도록 대책을 마련하고, 중앙정부에 건의해 반드시 관철해야 한다고 전남도청 공직자들에게 주문했습니다.

그가 국가균형발전을 자신의 소신으로 삼게 된 것은 정치인의 길을 가기 시작한 직후로 보입니다. 김 지사가 2015년 출간한《정치, 희망의 꽃을 피우다》에서는 국회의원으로 지내면서 그가 겪었던 지역 차별과 그로 인해 고착되는 지역 불균형의 현실을 가슴 아프게 표현하고 있습니다. 우선 예결위 질의 자료를 조사·분석하면서 특정 지역 인사·예산 편중이 엄연히 존재한다는 사실을 인식하게 됐습니다. 보이지 않는 권력의 손이 특혜 지원을 하고 있다고까지 표현했는데요. 특히 그는 1999년 도입된 예비타당성조사가 경제성, 인구 규모 등만을 감안해 지역 간 빈익빈 부익부를 부채질하고 있다는 점을 통찰력 있게 지적했습니다.

국회의원 당선 이후
국가균형발전 철학 실천한 김영록

2003년 12월 착공한 전남 남해선(목포 임성-보성) 공사는 2007년 4월 중단되었고, 2011년 감사원 지적에 따른 타당성 재조사를 이유로 7년째 공사를 하지 못하고 있었습니다. 하지만 같은 이유로 감사원 지적을 받았던 남해선 진주-광양 구간은 타당성 조사를 건너뛰고 공사가 진행되고 있었는데요. 김 지사는 그 부당함에 대해 예결위에서 경제부총리에게 문제를 제기하기도 했습니다. 그런데 이에 대한 답변은 공허하기 짝이 없었다고 합니다.

그는 도로, 철도 등 기반시설은 지역 발전뿐만 아니라 국토균형발전의 기본이라는 사실을 수시로 강조했습니다. 또 전남의 국회의원으로서 수도권과 영남권으로만 집중되는 기반시설 예산을 보며 책임감을 느끼기도 했습니다. 이와 함께 그는 지역의 엄청난 부가 유출돼 반사 이익을 수도권이 누리고 있다고 여겼습니다. 따라서 주로 인구 증가 지역인 수도권에서 걷히는 양도소득세를 국가

세입으로 할 것이 아니라 전남 등 인구 감소 지역에 균형발전 재원으로 최소 절반은 배분해야 한다고 주장해 주위를 놀라게 한 적도 있습니다.

김 지사는 이미 10여 년 전부터 농촌 지역의 인구 감소를 당연하게 생각하고, 국가균형발전을 위한 대책을 경제적 논리로 따지는 중앙부처의 시각은 마땅히 시정돼야 한다고 강조했는데요. 특정 산업과 지역을 집중 성장시켜 국가의 발전을 이룬다는 '불균형 성장 논리'가 대한민국 경제의 고속 성장을 이끌어 냈지만, 그 부작용으로 불균형 발전과 양극화를 초래했다는 점을 지적했습니다.

개발 시대의 논리로 경제적 효율성만 따진다면 전남과 같이 낙후된 지역은 계속 낙후될 수밖에 없을 것이라고 예측한 그는 인구 감소 지역에 대한 국가 차원의 과감한 지원, 낙후 정도에 따른 국가 지원 차등화, 낙후 지역 지원 특별법 제정 및 특별기금 조성 등 당시에는 누구도 생각하지 못했던 선진적인 대책을 내놓았습니다. 그만큼 그가 산업화 시대에서 소외되며 낙후된 전남 발전을 위한 근본적인 대책을 일찍부터 고민했다는 것을 알 수 있습니다.

효율 중시하는 개발 시대 논리 …
빈익빈 부익부 심화 부작용

전남도지사로 취임하면서부터 정부를 상대로 일관되고 분명하게 국가균형발전을 요구하고, 헌법을 비롯한 법·제도의 개정, 재정 지원 방안 마련 등을 꾸준히 주장한 것도 이러한 배경이 있었기 때문입니다. 우선 2018년 하반기 지역균형발전협의체 공동회장에 오른 김 지사는 2019년 1월 재정 격차 완화 및 지역 경제 활성화를 위한 공동 건의문을 발표했습니다. 건의문에서 그는 지역 불균형 및 지방 경제 침체 억제를 위한 수도권 규제 총량제 준수, 중앙정부의 기능 이양 시 재원의 동시 이양 및 지역 간 재정 격차 완화 방안 등을 촉구했는데요. 이와 함께 김 지사는 "균형발전이라는 헌법적 가치를 구현하기 위해 수도권과 비수도권의 상생발전이 중요한 원칙으로 작동해야 한다"고 덧붙였습니다.

그는 균형발전 대책의 하나로 국가 연구 기반시설을 전남에 유치하려고도 노력했습니다. 인재를 끌어들여 창의적인 발상으로 기존 산업을 혁신하고, 새로운 산업을 일으킬 수 있는 계기를 만

김영록 도지사와 장석웅 전남교육감, 강인규 나주시장 등이 2020년 5월 7일 오전 나주시 빛가람전망대 입구에서 시·도민과 함께 손팻말을 들고 다목적 방사광가속기 구축 부지선정 평가위원회 나주 방문을 환영하고 있다.

들겠다는 의지를 보인 것입니다. 김 지사가 주목한 것은 '방사광가속기'였습니다. 기초과학 연구 핵심 시설이 한국에너지공대를 중심으로 한 나주 산학연 클러스터에 구축되면 에너지 신소재, 신약 개발 등 세계적 수준의 신산업 육성이 가능할 것으로 기대했기 때문입니다.

김 지사는 지역 곳곳을 돌며, 지역민을 만나 왜 이 연구시설이 전남에, 아니 호남에 들어서야 하는지를 간절하게 호소하고, 논리적으로 설득하며, 한 명 한 명의 마음을 얻어 나갔는데요. 그의 이 같은 정성에 공직자들도 적극적으로 움직였고, 읍면, 마을, 단체 등을 찾아가 그 필요성을 역설했습니다.

곧이어 전문가 단체, 교수, 공공기관장, 향우, 대학 총장, 지방의원 등에 이어 광주·전북·전남 시도지사까지 하나가 돼 방사광가속기 호남권 유치위원회가 구성됐는데요. 지역 미래와 직결되는 국책 연구시설을 호남에 반드시 둬야 한다는 공감대를 만들어 낸 것입니다. 호남을 하나로 뭉치게 했고, 연구시설이 너무도 미흡하다는 사실을 호남인들이 절실히 느끼게 했습니다. 호남이 쇠락과 낙후를 벗어나 앞으로 성장·발전하기 위해서는 방사광가속기가 반드시 있어야 한다는 인식이 확산되기 시작했습니다.

최초로 호남 뭉치게 해
방사광가속기 유치전 뛰어들어

호남, 호남인의 기대를 한몸에 받게 된 김 지사는 막중한 책임감 속에 청와대, 정부 부처, 국회 등을 찾아 나섭니다. 민주정부 수립을 위해 피와 땀, 목숨까지 내놓았던 호남의 기여를 강조하며, 이제 경제적으로 더 나은 미래를 얻을 자격이 있음을 절절히 이야기했습니다. 신기술·신제품·신산업을 위해서는 국책 연구시설이 있어야 하며, 이는 인재가 성장하고, 혁신 기업을 창업할 수 있는 밑거름이 될 것이라는 사실을 누누이 설명했습니다.

하지만 2020년 5월 8일 김 지사는 인정할 수 없는 결과를 받아보게 됩니다. 문재인 정부가 수도권에 가까운 충북 오창에 방사광가속기를 설치하기로 한 것인데요. 호남 각계에서 규탄 성명과 일각에서는 분노의 목소리까지 나왔습니다. 정부의 대규모 국책 시설이 수도권과의 밀접, 연관 산업의 형성 등을 이유로 계속해서 수도권 인근에 설치된다면, 정부로 인해 국토 불균형이 심화하는 결과가 초래할 것이라는 우려의 목소리도 높아졌습니다.

김 지사는 방사광가속기 유치 실패 과정에서 '기울어진 운동장'을 절감하게 됩니다. 동시에 불균형 발전을 극복하기 위해 초대형 프로젝트를 발굴하고, 기반·편의시설을 신속하게 설치해 가야겠다는 각오를 다지며, 대기업이나 앵커기업의 전남 이전을 위해 총력전에 나섭니다. 이후 김 지사는 전라남도 내 도로·철도 등 기반시설의 신속한 정비, 국가균형발전에 필요한 법·제도적 보완, 대규모 신규 프로젝트 구상 및 계획 수립 등에 더 각별한 관심을 기울이게 됩니다.

좌절 후 법·제도 개선,
경상북도와 연대해 특별법 제정 주장

비슷한 여건에 있던 경상북도와 함께 공동으로 인구소멸 위기 지역 지원 특별법안을 마련하기 위한 연구용역에 착수한 것은 2020년 9월의 일입니다. 특별법안에 인구소멸 위기 지역에 공공기관 지방 이전 및 대형 연구시설 우선 배정, 국가보조금 보조율 차등 지원, 농어촌 지역 고향사랑세 도입, 지방세제 혜택, 농어촌 주택 1가구 2주택 세제 특례 등에 대한 국가 지원 근거를 담겠다는 것이죠. 이 용역이 토대가 돼 '인구소멸 위기 지역 지원 특별법'이 2022년 4월 국회를 통과하게 됩니다. 하지만 내용은 기대에 크게 못 미치는 수준이어서 논란이 있었습니다.

방사광가속기에 이어 2021년 4월에는 '이차전지 소재부품 시험평가센터' 공모에서도 충북도에 밀리자 전라남도는 정부 공모 평가 기준에 균형발전 항목을 포함하는 등 완전히 혁신해야 한다고 주장합니다. 정부 공모가 오히려 지역 간 산업 인프라의 부익부 빈익빈을 가중하고 있기 때문에 국가 연구개발 및 관련 시설 장비 공모사업에서 균형발전을 중요 평가항목으로 지정해야 한다는 것입니다.

김 지사는 2021년 9월 정례조회에서 차기 정부에서는 균형발전을 제1과제로 추진해야 한다고 목소리를 높였습니다. 국가적으로 가장 중요한 의제인 국가균형발전을 실현하기 어렵다는 이유로 중앙정부가 적극적으로 나서지 않았고, 이에 따라 자꾸 늘어진 감이 있다고 지적했는데요. 그는 구체적으로 부총리급 가칭 국가균형발전부를 전담 부처로 신설해 균형발전을 강력히 추진해야 한다고 대안을 제시했습니다.

하지만 안타깝게도 문재인 정부는 국가균형발전에 있어서 별다른 성과를 내지 못했고, 수도권 집중 현상은 더 극한 상황으로 치닫고 있었습니다. 수도권에 인구·기업·자본·대학 등이 집적돼 있고, 그에 따라 문화·편의시설들도 잘 갖춰진 반면, 지방은 전혀 그렇지 못하기 때문입니다. 교육·취업·창업 등의 기회를 찾아 청년들이 수도권에 몰리면서 지방은 이제 미래 경쟁력마저 상실할 위기에 처하게 됩니다.

민주정부가 본연의 역할과 기능을 하지 못하면서 민심은 돌아섰고, 이로 인해 2022년 5월 윤석열 정부가 출범했습니다. 윤석열 정부는 극우세력을 등에 업고 강력한 중앙집권과 함께 수도권 규제 완화, 부유층 감세 등 시대를 역행하는 정책들을 대놓고 시행했는데요. 대표적인 것이 용인 반도체 국가산업단지 조성입니다.

윤석열 정부는 2023년 3월 전국 15개 지역을 국가첨단산업단지 후보지로 선정하고 반도체·디스플레이·이차전지 3개 분야에 대한 첨단특화단지를 선정하기로 합니다. 양질의 일자리가 시급했던 비수도권 지자체들은 명운을 걸고 뛰어들 수밖에 없었는데요.

특히 반도체는 미래 핵심 산업으로, 15개 이상의 지자체가 도전장을 내고 경쟁하게 됩니다.

전남과 광주는 일찌감치 2022년 7월 반도체 첨단특화단지 유치를 상생 1호 협력사업으로 정하며, 공동 유치전에 나서 '국내 유일 초광역 특화단지'를 조성하겠다고 밝혔습니다.

여전한 중앙집권과 수도권 일극 집중에 전라남특별자치도 추진

하지만 2023년 7월 20일 열린 제3차 국가첨단전략산업위원회에서 반도체 첨단특화단지를 전력이나 용수가 절대적으로 부족한 경기도 용인으로 결정하면서 광주·전남은 고배를 마시게 됩니다. 김 지사는 이에 강한 유감을 표명하고, 정부에 추가 지정을 촉구하는 한편, '전남형 반도체산업'에 대한 육성 의지를 다시 한번 밝혔습니다.

전력, 용수 등에 있어 치명적인 결함이 있는 용인에 반도체 특화단지를 조성하기로 한 정부의 결정은 사실상 지방에서 생산되는 전력마저도 걷어가겠다는 것으로, 두고두고 문제가 됩니다. 김 지사는 정부를 상대로 국가균형발전을 외치며, 법·제도 개선, 대규모 국책 사업 지방 시행 등을 주장해 왔지만 정부의 외면, 수도권 확장 정책 등으로 난관에 봉착합니다. 자체적으로 할 수 있는 것을 찾아 나선 그는 2024년 7월 '인구 영향 평가제'를 실시하도록

김영록 도지사가 2021년 9월 15일 오전 도청에서 제20대 전남 대선공약 반영을 위한 전남 과제 브링핑을 갖고 전남 발전 미래 전략으로 '국가균형발전'과 '미래 성장동력'을 제시하고, 핵심 과제 32개, 지역 발전 과제 24개, 제도 개선 과제 8개를 발표하고 있다.

합니다. 전라남도가 실행하는 사업, 프로젝트, 정책 등이 인구 구조와 도민 일상에 미칠 영향을 분석하고 그 결과를 토대로 인구 증가에 기여하는 방향으로 개선하는 것입니다.

이어 그는 2024년 들어서 에너지, 농어촌, 인구, 관광 등의 분야에서 중앙정부의 권한을 대폭 이양받아 자력으로 성장 동력을 창출하기 위해 전라남특별자치도 설립에 나섭니다. 수도권 일극 체제와 인구절벽 현상, 지방소멸 위기 속에 전남 인구는 180만 명 이하로 내려간 이후 지속해서 감소하고 있으며, 16개 군이 인구 감소 지역으로 지정되어 전국 최다를 기록하는 등 쇠락 속도가 갈수록 빨라졌음에도 중앙정부의 규제, 인허가 권한 집중 등으로 어느 것 하나 속도를 내 제대로 추진하기 어렵다는 판단이 작용한 것입니다.

이후 민주정부가 수립되고 이재명 대통령이 새로운 국가균형발전 기조로 '5극3특'을 내세우자 이에 적극적으로 동조하며, 전라남특별자치도 추진을 중단했습니다. 이 대통령과 정부를 믿고 균형발전의 토대를 닦기 위해 광주광역시와 초광역 현안 해결을 목적으로 한 특별지방자치단체를 구성하는 등 그 누구보다 신속하게 대응에 나섰습니다.

'지방을 살리는 것이 곧 국가를 살리는 길'이라는 굳은 신념

김 지사는 2025년 6월 19일 서울 신라호텔에서 '뒤집힌 인구피라미드 축의 전환 길을 찾다'를 주제로 열린 전략포럼에 참석해 직접 발표에 나섰습니다. 그는 이 자리에서 "지금 대한민국은 국가적 위기 수준의 저출생과 인구 감소에 직면했고, 수도권 일극 체제는 갈수록 심화하는 구조적 문제를 안고 있다"며 "지방을 살리는 것이 곧 국가를 살리는 길이다"고 강조했습니다. 전라남도가 선도적으로 추진하는 인구대전환 전남 프로젝트를 소개하면서 전국 최초 '인구청년이민국' 신설, 출생기본수당 지급, 전국 최다 '공공산후조리원' 운영, 전국 최초 '전남형 만원주택' 등 다양한 관련 정책들을 설명했는데요.

김 지사는 "전라남도가 아무리 노력해도, 결국 인허가·예산·

김영록 도지사가 2025년 6월 19일 서울 신라호텔에서 '뒤집힌 인구 피라미드 축의 전환 길을 찾다'를 주제로 열린 전략포럼에서 발표했다.

입법 권한이 중앙에 묶여 있다. 산업단지 지정, 사회보장제도 승인, 규제 해제 등 핵심 권한이 중앙정부에 집중돼 지방정부는 손발이 묶인 상태"라며 "여기에 지방의 의사와 입장을 국정에 반영할 제도적 통로조차 없다"고 지적했습니다. 독일·프랑스 사례를 들며, 그는 우리나라가 헌법 개정을 통해 지방이 주도적으로 정책을 설계·집행하도록, 강력한 지방분권을 실현하고, 중앙정부는 제도와 재정으로 이를 뒷받침하는 구조로 전환돼야 한다"고 주장했습니다. 이어 "인구문제를 국가 정책의 중심에 놓고, 지방과 중앙이 함께 해결의 길을 찾자"며 "전라남도의 실험이 대한민국의 표준이 되도록 정부의 과감한 결정과 전폭적 지원이 필요하다"고 덧붙였습니다.

김 지사는 어려운 전남의 리더를 맡으면서 단 하루도 쉬지 못하고, 가장 소외되고 낙후된 전남의 현실을 바꿔보기 위해 전력을 다하고 있습니다. 특정 지역에 국가 재정을 더 투입해 기반시설을 신속하게 설치하고, 민간 자본을 끌어들여 효율적으로 경제를 성장시켜 온 대한민국이 이제 선진국을 넘어 선도국가가 되기 위해서는 반드시 국가균형발전을 해야 한다는 것이 그의 소신이자 다짐이기 때문입니다.

전남이 가지고 있는 자원을 미래 성장 동력으로 만들어내고, 전남도민들이 좌절감과 패배감이 아닌 자긍심과 자존감을 가질 수 있도록 그는 국가균형발전을 위한 최선의 정책을 만들어 냈습니다. 그가 국회와 정부 부처를 문턱이 닳도록 찾아 설득하고, 매일 새벽에 일어나 전남 곳곳에서 도민들을 만나 격려하며 응원하는 이유는 전남이 쇠락의 시대를 넘어 도약의 시대로 나아가기를 바라는 간절함이 마음속 깊이 자리하고 있기 때문입니다.

전남의 인재가
제대로 성장할 수 있게 지원하다

김영록 전남도지사는 교육의 중요성을 강조해 왔습니다. 소멸 위기에 처한 지방의 여건이 갈수록 열악해지면서 학생·청년들은 대도시로·수도권으로 떠나고 있기 때문입니다. 어려운 가정 형편으로 꿈을 포기하고 좌절하는 학생들도 증가하면서 교육 양극화가 발생하고, '계층 사다리' 또한 사라질 위기에 직면해 있습니다. 그는 더 높은 꿈과 더 나은 미래를 위해 도전하는 학생들이 전남 출신이라는 점에 자긍심을 느끼고, 후일 전남 발전에 기여하게 하는, 선순환 인재 양성 시스템을 고민했습니다.

전남 떠나는 인재 붙잡고,
성공 뒷받침할 정책 구상한 김 지사

이러한 그의 방침에 일각에서는 인재육성이 교육청의 업무라
며 반대 의견을 내기도 했습니다. 하지만 전남의 미래 발전을 위
해 가장 중요한 요소가 '인재'라는 점을 분명히 인식했던 김 지사
는 강력히 '새천년 인재육성 프로젝트'를 추진합니다. 그는 여기서
'인재육성 고속도로'라는 명칭을 사용하기도 합니다. 과거 산업화
시대, 자동차 이동을 위한 고속도로가 그 지역의 발전을 좌우했다
면, 기술 혁신 시대의 핵심인 인재를 제대로 육성하는 것이 중요하
다는 의미입니다.

김 지사는 "고속도로에 수조 원씩 투자하는 시대를 지나 이제

김영록 도지사가 2019년 12월 2일 도청 왕인실에서 열린 '새천년 인재육성 프로젝트' 으뜸인재 증서 수
여 및 봉사단 발대식에서 분야별 대표에게 으뜸인재 증서를 수여하고 있다.

는 인재와 에너지에 국가의 예산을 집중해야 할 때"라고 강조했습니다. 이어 "지역 인재들이 꿈을 향해 마음껏 달릴 수 있는 탄탄한 전라남도 인재육성 고속도로를 놓아갈 것"이라고 천명했습니다.

2019년 10월 전라남도는 지역 인재를 세계 인재로 키운다는 취지의 '새천년 인재육성 프로젝트'를 발표했습니다. '지역과 함께 꿈꾸고 성장하는 으뜸인재육성'을 목표로, 꿈을 키우는 미래 인재, 세계를 선도하는 글로벌 인재, 창의·융합형 선도 인재 등 3개 분야 16개 세부 추진 방안을 마련했는데요. 교육에 관심이 있는 학부모라면 누구나 참여할 수 있게 세심하게 배려했다는 점에서 호평을 받았습니다.

그중에서도 '예능 영재 키움', '청년 무한도전 프로젝트', '글로벌 문화체험 캠프', '글로벌 노벨 캠프', '글로벌 마이스터 현장 연수', '도비 유학생, 글로벌 리더 육성', '전남 스타 200인 육성' 등은 그동안 어려움을 겪고 있는 전라남도 내 학생, 전남 출신으로 타지역에서 교육을 받고 있는 학생들에게 든든히 뒷받침하는 프로그램으로 주목을 받았습니다. 매년 이들 프로그램을 평가하고, 전문가와 도민 의견을 수렴해 수정·보완하는 한편, 수혜 장학생들이 지역 발전에 기여하도록 '새천년 인재봉사단'도 만들었습니다.

이렇게 시작된 민선 7기 '새천년 인재육성 프로젝트'는 2023년까지 9,000여 명의 인재를 발굴해 지원하는 성과를 냈습니다. 파리올림픽 양궁 금메달리스트 남수현, 세계청소년선수권대회 펜싱 금메달리스트 장보련 등이 예능 인재로 지원을 받았고, 해외 유학생으로 선발된 전남 출신 대학원생들은 미국 매사추세츠공과대학(MIT) 등 세계 명문대학에 등록금 걱정 없이 진학해 열정을 쏟고 있습니다. 2020년부터 5년간 해외 유학생에게 20억 원을 지원해 주고 있기 때문입니다. 또한, 전라남도는 매년 인재한마당을 열어 학생, 학부모 등 도민들에게 성과를 선보이고, 의견을 수렴해 프로그램을 고도화하고 있습니다.

'새천년 인재육성 프로젝트'와 '인재육성 고속도로' 선보여

2024년 4월에는 인재육성을 통한 미래 준비와 지역 성장을 이끌 발전 전략 체계 구축을 위해 '인재육성교육국'을 신설했습니다. 본격적으로 교육 업무에 매진할 수 있도록 조직을 갖춘 것입니다. 인재육성교육국에는 지역 혁신 중심 대학 지원 체계(RISE), 글로컬 대학 등 지방대학 육성과 교육특구 관련 업무와 학교 교육 지원, 미래 인재육성, 청소년 지원, 평생교육 진흥, 대학 지원 등을 맡겼습니다. 이렇게 해서 2025년 전남도는 무려 1만 명의 인재를 대상으로 새싹·성장·글로벌·평생인재 등 생애주기별 4개 분야 23개 사업을 펼치고 있습니다. '새천년 인재육성 프로젝트'라는 명칭도 '인재육성 고속도로'로 바꾸고, 사업설명회를 통해 학생·학부모의 궁금증을 해소해 주는 등 더욱 현장 친화적이고 수요자 중심 정책으로 보완됐습니다.

2025년 2월에는 도내 중학생 2학년 100여 명이 영국·벨기에·

프랑스를 찾아 4주간 '글로벌 문화 체험 캠프'를 가졌으며, 2024년 11월에는 농축산업·어업·제조업·문화·스포츠 등 7개 분야의 전남 인재 120여 명이 8박 10일 일정으로 유럽과 미국 등을 둘러본 뒤 성과 보고회를 열기도 했습니다. 이들은 해외에서 보고 들은 선진 사례를 전남 각 지역 현장에 접목시키기 위해 노력하겠다는 각오를 밝혔습니다.

인재육성을 위한 장학금도 대폭 늘렸습니다. 2024년에는 아름드리·희망나래·행복둥지·특별지정의 4개 분야 15개 종류 장학금을 907명에게 지급했는데요. 지급액은 11억 300만 원에 달했습니다. 학생 본인이나 보호자(부 또는 모, 후견인)가 1년 이상 전남에 주민등록이 있는 초·중·고·대학생, 1년 이상 전남에서 체류하고 있

김영록 도지사가 2024년 7월 30일 도청 장보고전망대에서 2024년 전라남도 글로벌 인재로 선정된 해외 유학생과 가족, 참석한 대학생 20여 명과 이야기를 나누고 있다.

는 외국인 유학생까지 범위를 확대했습니다.

예능 인재부터 해외유학생·청년·여성까지 연간 1만 명 혜택

여기에 김 지사는 지역 청년들이 모여 더 나은 미래를 꿈꿀 수 있도록 교육 프로그램을 별도로 만들었습니다. 바로 '호남청년아카데미'인데요. 민선 8기 도지사 역점 사업으로 2023년부터 진행해 1기부터 7기까지 모두 700여 명의 교육생을 배출했습니다. 이들은 전남 청년 서포터즈로 활동하며, 전라남도 청년 정책을 발굴하고 제안하는 역할을 하고 있습니다. 유명인사들이 강의로 나서고 주제는 전남과 밀접한 사안들로 선정해 청년들의 참여가 지속적으로 늘고 있습니다.

2025년 8월 '호남의 도약, 청년 리더십'을 주제로 '호남청년아카데미' 7기가 개강했는데요. 국내 1호 프로파일러 권일용 교수, 개그맨 노홍철, 국제정세 전문가 김지윤 박사 등 쉽게 접할 수 없는 저명인사들이 강사로 나서고, 김대중노벨평화상기념관, 남도국제미식산업박람회, 국제수묵비엔날레 등 전남의 대규모 행사에 참여하는 일정으로 구성했습니다.

김 지사는 개강식에서 "인공지능, 재생에너지, 우주항공 시대로의 전환 속에서 청년이 도전과 실패를 두려워하지 않고 용기와 끈기로 끊임없이 시도하길 바란다"며 "도전하고, 도전하면서 나아

김영록 도지사가 2025년 8월 28일 도청 왕인실에서 열린 '2025년 전라남도 인재한마당' 행사에 참석해 으뜸인재 및 주요 내빈들과 기념촬영을 하고 있다.

가야 변화와 발전도 있다. 제2, 제3의 김대중이 나오도록 전라남도가 청년의 든든한 버팀목이 되겠다"고 격려했습니다.

김 지사의 인재 정책으로 전남에서 태어났거나 살고 있는 학생, 또는 부모가 전남 출신이면 누구든지 더 나은 배움의 기회를 얻을 수 있고, 후원을 받아 해외 일류 대학에 유학까지 갈 수 있게 됐습니다. 학생·청년들이 '전남인'이라는 사실에 자긍심을 갖고, 성공했을 때 고향의 도움을 잊지 않고, 지역에 기여하도록 하는 그의 선한 의지가 이 정책의 근간이 됐다고 할 수 있습니다. 쇠락·낙후에서 벗어나 새로운 도약을 시도하기 위해서는 그 중심에 지역 인재가 있어야 한다는 김 지사의 신념이 투영돼 있다고도 할 수 있습니다.

PART 2

굳은 신념과 추진력으로 난제를 해결한 정책

- 전남에서 태어나면 18세까지 수당을 받는다
- 35년 전남도민의 숙원, 국립 의대 신설을 이끌다
- 갈라진 전남을 하나로, 비판에 맞서며 동부청사 건립
- 전남의 아픔, '여순사건' 특별법 제정에 공헌하다
- 청년, 신혼부부에게 만 원짜리 새집을 공급하다

"김영록은 된다는 마음으로, 될 때까지 최선을 다한다. 방향이 옳고, 도민이 바라며, 미래 가치가 있다고 판단되면 아무리 어려운 문제라도 정면으로 맞서 해결에 나선다. 사사로운 이해관계나 이익을 멀리하며, 오로지 전남 발전, 도민 행복만을 바라보며 한 길을 걸어가고 있다."

전남에서 태어나면
18세까지 수당을 받는다

김영록 전남도지사가 출생률에 관심을 갖기 시작한 것은 2000년 말입니다. 그는 전남을 사랑하는 공직자로서, 인구가 급감하면서 그 위상도 크게 위축되고 있는 전남을 그 누구보다 우려하고 있었습니다. 그러다가 목포부시장을 거쳐 전라남도 자치행정국장이 된 뒤 통계 자료의 한 항목에 주목했습니다. 출생률이었는데요. 당시 우리나라 합계출산율(여성 1명이 낳을 것으로 예상되는 출생아 수)은 1.3명에 불과했는데, 이미 프랑스나 일본보다 뒤져 있었습니다. 그는 출산장려책이 시급하다고 판단해 신생아수당으로 20만 원씩 지급하자는 정책을 내놨습니다.

하지만 그의 이러한 시도는 그 당시에 선심성이라는 지적과 함께 재정이 어려운 전라남도의 현실을 고려하지 않았다는 비판까지 받았습니다. 해당 실국인 복지여성국이 반대했고, 감사원에서조차 선거를 염두에 둔 무리한 사업이라는 의견을 내놨습니다. 하지만 송아지 축산장려금도 30만 원을 지급하는 마당에 문제 될 것이 없다는 한 도의원의 주장이 큰 힘이 되면서 그는 이 정책을 관철해 냈습니다.

김 지사는 청년 유출, 출생률 저하 등으로 인해 전남의 인구가 지속적으로 감소하고 있는 현상을 안타까워했습니다. 경제 활력을 상실하고, 정치적 영향력이 감소하고 있는 것도 당연히 인구가 사라지기 때문입니다. 그는 전남도지사로 취임해 그 무엇보다 좋은 기업과 대학을 유치·설립해 청년 유출을 막고, 한편으로는 출생률을 높이고자 노력했습니다. 한국에너지공대, 국립 의대, LS전선, SK와 오픈AI, 삼성SDS 등을 반드시 전남에 들여놓고 싶었던 그의 바람은 이미 현실이 됐거나 조만간 우리 눈 앞에 펼쳐질 것입니다.

그는 취임한 뒤 가장 먼저 공공산후조리원 확대 정책을 내놓았습니다. 인구 감소와 함께 지역에 병원이 사라지고, 특히 산부인과와 산후조리원이 없는 현실에서 아이를 낳을 것을 권장할 수 없다고 판단한 것입니다. 2015년 8월 전국 최초 공공산후조리원이

김영록 도지사가 2024년 10월 16일 '베이비부머 은퇴 쓰나미, 대한민국 미래는'이란 주제로 서울 롯데호텔에서 열린 제12회 경제포럼에서 '전라남도의 저출생과 인구소멸 대응 정책'을 주제로 발표하고 있다.

해남에서 개원하고, 2018년 5월 강진에 2호점이 들어서 있는 상황에서, 그는 도내 모든 지역에서 30분 이내에 공공산후조리원을 이용할 수 있는 '공공산후조리망' 완성을 지시했습니다. 자신이 내놓지 않았지만, 좋은 정책이라면 적극적으로 받아들이고 더 좋게 개선·정비해 수혜자들에게 더 수준 높은 서비스를 제공하겠다는 것이 그의 신념입니다.

'출산과 산후조리의 국가 책임제' 정부에 건의

2019년 6월 완도, 2020년 11월 나주에 이어 2022년 3월 순천에 이르기까지 공공산후조리원 설립에 속도를 낸 그는 공공산후조리원의 외연 확장만으로는 도내 전체 산모 돌봄에 한계가 있는 만큼 민간산후조리원 이용 시에도 이용 부담을 덜어주는 방안도 고민합니다. 이를 위해 '출산과 산후조리의 국가 책임제'를 인구 감소 지역 지원특별법 제정과 연계해 지방소멸대응기금 생활권 협력사업으로 추진하는 방안을 정부에 건의했습니다.

공모를 통해 추가로 3곳에 공공산후조리원을 설치하기로 하는데, 광양(6호점), 여수(7호점)는 2026년 상반기에, 목포(8호점)는 2027년 개원할 예정입니다. 공공산후조리원은 저렴한 이용료와 수준 높은 서비스, 깨끗한 시설로 호응을 얻고 있는데요. 이용 산모들의 만족도도 매우 높은 것으로 분석됐습니다.

민선 8기 전남도지사로 취임한 직후인 2022년 9월 그는 출산장려정책을 발표했습니다. 2018년 출생아 수가 전국 30만 2,700여 명으로 전년 대비 7.4% 감소했으며, 합계출산율 또한 0.92명으로 전년도보다 0.06명 낮아진 것으로 조사된 시점입니다. 전남 지역 출생아 수도 전년 대비 3.6%가 감소한 1만 832명, 합계출산율은 0.01명이 낮아진 1.23명으로 집계된 상황에서 저출생 극복을 위해 선제적인 신규 시책을 내놓은 것입니다.

광역 지자체 최초 '청년 부부 결혼 축하금' 지원(만 45세 이하 청년 부부, 결혼 축하금 200만 원 지원), '다둥이 가정 육아용품 구입비' 지원(셋째 아이 이상 가정 육아용품 구입비 50만 원 지원), '신생아 양육비' 상향(30만 원에서 50만 원으로) 등 신규 시책을 보건복지부 사회보장 협의 등의 사전 절차를 거쳐 본격 추진하기로 한 것입니다.

아이를 낳고 싶은 사람에게 아이를 낳아도 되겠다는 분위기를 형성하기 위한 취지입니다.

2024년 1월에는 인구정책을 총괄할 인구청년이민국을 신설하고 433억 원의 예산을 투입해 28개의 맞춤형 출산정책을 내놓습니다. 다자녀행복카드, 신혼부부 건강검진비 지원, 공공산후조리원 확대, 난임 부부 시술비 지원, 난자 냉동 시술비 및 냉동 난자 사용 보조생식술 비용 지원, 첫 만남 이용권 지원, 산모·신생아 건강관리 서비스 지원 등이 대표적입니다. 2024년 2월에는 시·군과 연계해 '출생수당 318 프로젝트'를 발표합니다. 심각한 저출생 시대, 출생수당 도입이 모든 문제를 해결할 수는 없지만, 이로써 그 기반을 닦겠다는 의지를 보인 것입니다.

2024년 1월 인구청년이민국 설치 후 시·군과 출생기본수당 추진

22개 시장·군수와 함께 출생수당 공동 추진 업무협약을 체결한 그는 지역사회가 출생부터 양육까지를 아울러 함께 나누는 새로운 형태의 지원 모델을 만들어냈습니다. 전라남도와 시·군이 2024년 이후 전남에서 출생한 아이에게 17세까지 18년간 매월 10만 원씩, 모두 20만 원의 출생수당을 지원하겠다는 것인데요. 2022년 우리나라 합계출산율은 0.78로 세계에서 가장 낮고, 경제협력개발기구(OECD) 국가 중 유일하게 합계출산율이 1.0 미만인

김영록 도지사가 22개 시장·군수들과 2024년 2월 14일 오후 도청 왕인실에서 전남 시·군 출생수당의 성공적인 추진을 위한 업무협약을 체결하고 기념촬영을 하고 있다.

실정입니다. 정부도 문제의 심각성을 체감하고, 2023년까지 18년 간 약 380조 원을 투입했으나, 체감형 현금 직접 지원은 부족하고, 이마저도 0~7세 영유아 등에게 집중돼 있다는 점에서 성과를 내지 못했습니다.

이에 김 지사는 광역지자체로는 처음으로 초저출생 기조를 타파하기 위해 자체적인 정책 카드를 꺼내든 것입니다. 18년간 한 명당 총 출생수당은 4,320만 원으로, 두 자녀 가구는 8,600만 원, 세 자녀 가구는 1억 3,000만 원까지 지원받을 수 있어 실제 양육 부담을 크게 덜게 될 것으로 내다봤습니다. 국가가 지원하는 복지 지원금까지 포함하면, 전남의 경우 아이 한 명당 1억 1,520만 원을 받을 수 있으며, 이는 전국에서 가장 높은 수준입니다.

이와 함께, 육아하면서 즐거운 마음으로 맘 편하게 다니는 육아 친화적 직장문화를 전남도청에서부터 만들겠다고 강조합니다. 이에 따라 현재 5세 이하 자녀를 둔 공무원에게 부여하는 1일 2시간 돌봄 시간을 6~8세 자녀를 둔 직원까지 확대하고, 특별휴가 대상도 확대했습니다. 2024년 4월에는 부산에서 열린 제59차 대한민국시도지사협의회 임시총회에 참석해 '출생수당 318 프로젝트'를 국가 정책으로 시행해야 한다고 주장했습니다. 지방의 좋은 정책을 중앙정부가 받아들여 전국적으로 시행, 국민에게 더 좋은 공공서비스를 실시해야 한다는 의미입니다.

출생기본수당 국가 정책화 건의, 2025년 1월 첫 수당 지급

이어 2024년 7월 충남에서 열린 제7차 중앙지방협력회의에서는 저출생 대응 전략으로 지역 맞춤형 복지시책과 특화산업 육성 등을 위해 지자체의 재량권을 인정해 줄 것을 건의했습니다. 그는 저출생 대응 토론에서 인구 감소에 더 효과적으로 대응하기 위해서는 맞춤형 복지시책과 지역특화산업 육성을 통한 일자리 창출이 필요한데, 지방에 권한이 없어 어느 것 하나 제대로 추진할 수 없음을 토로했는데요. 자신이 내놓은 출생기본수당 정책도 복지부 사회보장제도 협의를 받아야 한다는 점을 지적한 것입니다.

이러한 김 지사의 문제 제기에 그동안 다소 부정적이었던 보건복지부가 입장을 선회하면서 2025년부터 사업을 시작할 수 있게 됩니다. 전라남도는 '전라남도 출생기본수당 지급을 위한 조례' 제정을 통해 지급 근거를 마련하고, 세부 운영방침 및 전산 시스

김영록 도지사(아래 오른쪽 다섯 번째)가 2024년 4월 19일 부산 파라다이스호텔에서 열린 '제59차 대한민국시도지사협의회 임시총회'에서 전국 시도지사 및 부단체장들과 기념촬영을 하고 있다.

템 구축에 들어갔습니다. 이렇게 해서 2025년 1월부터 전남에서 2024년 1월 이후 태어난 아이 부모에게 '출생기본수당'을 지급했습니다.

전라남도는 '출생기본수당'을 국가 정책화하는 노력도 계속 기울입니다. 2025년 3월 전남도청에서 인구전략기획부 설립추진단과 간담회를 열어 부처 신설에 대한 의견을 나누고 정부의 인구 정책 추진 방향을 논의했는데요. 이 자리에서 초저출생과 지방소멸 위기 극복의 대전환 기점이 마련되도록 '국가 출생기본수당(0~17세, 매월 20만 원)'을 신설해 국가의 직접 책임을 강화해야 한다는 점과 함께 출산 장려와 양육 등 저출생 대응 정책에 대해 지방자치단체장에게 폭넓은 재량권을 인정하는 '사회보장기본법 개정'의 절실함을 설명했습니다.

'출생기본수당'은 출산 가정들의 열렬한 호응 속에 현장에 안착하며, 출산율 회복이라는 실질적 변화로 이어지고 있다는 평가를 받고 있습니다. 2025년 1분기 기준 전남 합계출산율은 1.13명으로 전국 최고 수준입니다. 전국 평균(0.82명)보다 0.31명이나 높은 데요. 무엇보다 이 정책은 결혼적령기 또는 신혼부부들에게 출산을 해도 되겠다는 공감대를 형성하는 데 크게 기여했습니다. 정책 준비 단계에서 전문가와 부모들이 직접 제기한 학령기 이후 양육비가 부담된다는 의견을 들어 실질적인 지원 방안을 마련한 '현장 중심·수요자 중심' 정책이었기 때문입니다. 이 정책은 2025년 9월 제21회 대한민국 지방자치경영대전에서 대통령 표창을 받으면서 정부로부터 그 우수성을 인정받았습니다.

35년 전남도민의 숙원,
국립 의대 신설을 이끌다

전남은 의료 불모지로 분류됩니다. 의료 인프라와 서비스가 극히 부족해 도민들이 기본적인 진료를 받는 것도 어렵기 때문입니다. 전남은 높은 고령화 비율(2024년 말 26.3%)에 노동 집약형인 농어업, 산업재해 가능성이 큰 철강·화학·조선업 등을 중심으로 산업구조가 형성돼 의료 수요가 매우 높습니다. 그러나 의료 인력을 공급할 의과대학, 고차원의 의료서비스를 할 수 있는 대학병원이 없어 도민들은 중병에 걸리면 광주나 서울로 갈 수밖에 없는 형편입니다. 도민들의 불편은 이루 말할 수 없는 수준이며, 소득의 역외 유출로 인해 지역 경제에도 악영향을 미치고 있습니다.

통계청이 2024년 9월 발표한 〈2022년 기준 시·도 지역 소득〉에 따르면 전남의 지역내총생산은 96조 2,000억 원으로 2021년보다 2조 5,000억 원(2.6%)이 늘어나 전남의 1인당 총생산은

5,418만 원으로, 전국 평균(4,505만 원)을 크게 웃돌면서 울산과 충남, 서울에 이어 전국 4위를 기록했습니다. 1인당 소득의 경우 2,375만 원으로 전국 9위를 나타내는 등 전남도민의 소득 수준은 갈수록 높아지고 있습니다. 문제는 전라남도 내에서 발생한 소득이 타 시·도로 유출되고 있다는 점인데요. 2022년 전남의 역외 유출 규모는 무려 32조 2,000억 원으로 충남에 이어 전국에서 두 번째로 높았습니다. 소득 유출과 소비 유출이 동시에 발생하고 있는 것인데요. 특히 소비 유출의 대부분은 온라인 유통업과 광주·서울 의료기관에서 발생하고 있습니다.

의료 불모지 전남, 고령화 등 의료 수요 높지만 의대 없어

이러한 이유로 1990년 5월 목포대학교가 정부에 의예과 80명 신설 정원 배정을 신청했으며, 목포상공회의소를 비롯해 10개 상공인단체가 수차례에 걸쳐 대정부 건의에 나섰습니다. 하지만 학령인구 감소, 정부의 무관심, 지역 정치권의 노력 미흡 등으로, 이 시급한 현안은 전혀 실마리를 찾지 못한 채 장기간 방치됩니다. 대학이 해결해야 할 일이라고 판단했기 때문에 전라남도는 측면 지원 정도로 소극적인 역할을 하는 데 그쳤습니다.

이러한 분위기가 급변한 것은 2020년 7월입니다. 문재인 정부가 코로나19 팬데믹 속에 의대 정원 증원 추진 의지를 밝힌 겁니다. 여당과 정부는 공공 의대 신설과 함께, 2022학년도부터 10년 간 모두 '지역 의사' 3,000명 등 4,000명의 의사 인력을 추가로 양성하는 방안을 발표했습니다. 이를 절호의 기회로 판단한 김영록 전남도지사가 정부에 의과대학이 없는 전남에 의대를 신설해 줄 것을 강하게 주장했습니다. 곧바로 국회에서 전남 국립 의대 신설 추진 의사를 밝히고 정부, 의료계 등을 설득하는 데 나섭니다. 정부도 이 같은 김 지사의 의견에 동조했으며, 30여 년 만에 전남 최대 숙원사업이 해결될 수 있을 것이라는 기대감도 커졌습니다.

1990년 목포대 의대 신청 후 35년간 숙원사업에 머물러

하지만 의료계의 반발과 집단행동 속에 정부의 추진 의지는 상실됐으며, 결국 원점으로 되돌아갔습니다. 이에 김 지사는 2020년 9월 호소문을 발표하고, "대한의사협회와 정부·여당의 원점 재논의 합의로 전남 지역 의대 신설마저 부정적인 영향을 미치지 않을까 전남도민은 크게 우려하고 있다"고 말했습니다. 이어 "전국 시도 중 유일하게 의과대학이 없는 전남도민의 절박한 심정을 헤아려 향후 의정협의체 논의과정에서 전남 지역 의대 신설이 꼭 포함돼 도민의 건강권이 보장될 수 있도록 해 줄 것"을 호소했습니다.

이 같은 간곡한 요청에도 불구하고 의료계 증원 논의는 멈춰버렸으며, 김 지사의 첫 번째 시도는 그렇게 마무리됐습니다. 다만

김영록 도지사가 2020년 7월 23일 오후 서울 여의도 국회 소통관에서 정부의 의대 정원 증원 방침에 따른 전남 지역 의대 신설 추진 의사를 밝히고 있다.

그는 이 과정에서 국립 의대 설립에 대한 도민들의 간절함을 다시 한번 느꼈으며, 민선 8기 재선에 성공하자 곧바로 도정의 핵심 의제로 국립 의대 설립을 설정하고 본격 추진하게 됩니다. 주변에서는 이 같은 김 지사의 행보에 걱정 어린 시선을 보냈습니다.

1998년 이후 수차례 정부가 시도했으나 의료계의 반발로 번번이 실패한 의대 정원 증원이 전제돼야 하기 때문입니다. 또 설사 국립 의대 신설에 성공한다고 하더라도 서부권의 목포대학교와 동부권의 순천대학교가 서로 유치하겠다고 나설 경우 지역 내 갈등만 촉발될 수도 있습니다. 대학에 맡겨두면 되는데, 굳이 전라남도가 나서서 책임져야 하는 상황을 만드는 것에 대한 반대 의견도 있었습니다.

2020년 문재인 정부 증원 시도…
의료계 반발로 무산

김 지사는 그러나 국립 의대 신설이 미래 전남을 위해 반드시 해결해야 할 문제이며, 도민 모두가 바라고 있는 올바른 정책이라는 점에서 반드시 추진하겠다는 의지를 밝힙니다. 도민의 건강권·생명권과 직결되는 문제라는 점도 그의 추진력을 강하게 만듭니다. 일단 그의 전략은 국립 의대 설립에 성공하기 위한 모든 조건을 완벽하게 갖추면서, 갈등 요소를 미연에 방지하는 것이었습니다. 우선 2020년 6월에는 행정부지사를 단장으로 하고 대학교수, 전문가, 목포·순천대학교 의대 유치 추진단장 등이 참가하는 '의과대학 유치 TF팀'을 발족했습니다.

의대 유치를 위한 붐을 조성하고, 시민·사회단체 연대를 강화하면서, 유치 활동에 대해 전면 지원에 나섰습니다. 전라남도는 이후 대통령과 국무총리, 국회의원, 관계기관 등에 의대 유치 필요성과 당위성을 설명하고 10여 차례 건의서를 제출했으며, 시민·사회 각계에서는 의대 유치 성명서를 발표하는 등 분위기가 점차 무르익기 시작했습니다. 2023년 6월에는 서로 유치하겠다고 목소리를 높였던 목포·순천대학교, 목포·순천시, 전라남도가 의과대학 유치에 공동으로 대응한다는 '공동 협력 협약'을 체결하기도 했습니다.

이 협약은 후일 목포대학교와 순천대학교 통합의 근간이 됐다는 점에서 대단한 성과라고 할 수 있습니다. 전남 내부를 충분히

김영록 도지사가 2024년 5월 14일 보성 다비치콘도에서 열린 '전라남도 국립 의대 유치 범도민추진위원회 국립 의대 설립 포럼'에서 전라남도 국립 의과대학 유치 범도민추진위원회 결의문 발표자들과 기념 촬영을 하고 있다.

다졌다고 생각한 김 지사는 본격적으로 복지부 장관을 찾아 전남 국립 의대 설립을 강력 요청했으며, 의료 취약지인 경북과 연대해 대정부 공동 건의문을 발표했습니다. 이어 2023년 12월 조직 개편을 통해 보건복지국 소속으로 '의대유치추진단'을 신설해 정책 및 전략 구상·실천 조직을 꾸렸습니다.

민선 8기 의대유치추진단 구성 후
목포대·순천대 협력 이끌어

이어 2024년 1월 첫 해외 출장으로 캐나다를 찾아 노던 온타리오 의과대학에서 두 대학 공동 설립 사례를 벤치마킹한 그는 목포대학교와 순천대학교를 모두 만족시킬 수 있는 의대 설립 방안을 고민하기 시작했습니다. 양 대학은 이 같은 김 지사의 노력에 '공동 단일 의대 추진'으로 화답했습니다.

이 같은 김 지사의 추진력은 2024년 3월 14일 전남도청에서 열린 민생토론회에서 윤석열 대통령의 "국립 의대(신설) 문제는 어느 대학에 할 것인지 전라남도가 정해서, 의견을 수렴해 알려주면 추진하도록 하겠다"는 발표를 이끌어 내기에 이릅니다. 1990년 목포대가 의대 신설 건의문을 정부에 보낸 이후 34년 만에 전남도민이 그렇게 바라던 숙원사업의 돌파구가 마련된 것입니다. 이후 국무총리, 보건복지부 장·차관 등의 대통령 약속 이행 발언이 뒤따랐습니다.

이제 문제는 "어느 대학에 국립 의대를 설립할지를 어떻게 결정하느냐"였습니다. 양 대학에 의대·병원을 모두 설치하는 '공동 단일 의대'에 정부가 난색을 표했고, 양 대학을 통합해 의대를 설립하는 방안은 그 실현 가능성이 낮았기 때문에 그는 결국 '공모를 통한 의대 설립 대학 선정'을 선택하게 됩니다. 하지만 김 지사의 이러한 고민 끝 결정은 순천대학교와 동부권 반발 속에 난관을 맞습니다. 2026년 정원 배정을 위해 시간이 촉박해지자 김 지사는 순천대학교의 공모 참여를 설득하면서 한편으로는 그가 최상의 방안이라고 생각했던 '대학 통합을 전제로 한 통합 의대 설립'을 물밑에서 타진하기 시작했습니다.

이에 따라 전라남도는 2024년 9월 들어 '공모를 통한 1대학·2병원'과 함께 '대학 통합을 전제로 한 통합 의대 설립'을 투 트랙으로 추진하기 시작했습니다. 교육부가 '1도 1국립대' 정책을 추

김영록 도지사가 2025년 10월 1일 세종에서 최교진 교육부 장관과 면담을 갖고 전라남도 통합 대학교 국립 의대 신속 신설을 위한 협조를 요청하고 있다.

진하고 있는 가운데 목포대학교와 순천대학교가 통합을 확약할 경우 이 같은 정부 정책을 따르면서 의대 설립을 둘러싼 지역 간 갈등도 잠재울 수 있다고 본 것입니다. 김 지사는 9월 말, 추천 시기를 한 달여 늦춰가면서 본격적인 대학 통합 지원에 나섰습니다.

이러한 김 지사의 노력은 10월 14일 드디어 그 첫 성과를 냅니다. 전남을 방문한 당시 이주호 부총리 겸 교육부 장관과의 저녁 자리에 송하철 목포대학교 총장, 이병운 순천대학교 총장 등도 함께 참석하도록 해 대학 통합에 대한 공감대를 만든 것입니다. 이 자리에서 김 지사는 이 부총리에게 통합 시 확실한 지원을 요청하고, 양 대학 총장에게는 통합에 나설 경우 전라남도가 적극적으로 뒷받침하겠다고 약속합니다. 이렇게 해서 양 대학의 통합 논의가 본격 시작됩니다.

김 지사는 통합 합의문 기한을 11월 15일까지로 정했으나, 충분히 대화할 수 있도록 연장도 가능하다는 신호를 보냈습니다. 그만큼 중요한 논의였기 때문입니다. 논의 과정을 지켜보던 그는 11월 14일 오후 어느 정도 통합의 토대가 마련됐다고 판단되자 당시 박창환 경제부지사를 투입시켜 논의를 마무리 짓게 했습니다. 결국, 이러한 과정을 거쳐 11월 15일 밤 11시 50여 분 송하철 목포대학교 총장과 이병운 순천대학교 총장이 마지막 기한을 지켜 통합 합의문에 서명했습니다.

김 지사는 곧바로 "이번 대학 통합을 통해 동서화합의 길이 열렸다는 것이 너무도 기쁘다"며 "여러 갈등과 마찰 속에서도 양 대학의 통합을 이끌어준 양 대학 총장님과 대학 구성원들에게 도민을 대표해 감사의 말씀을 드리고 싶다"고 공을 양 대학 총장에게 돌렸습니다. 이후 윤석열의 불법 비상계엄으로 후속 논의가 중단됐지만, 국립 의대는 예정대로 신설될 것이라는 예측이 우세했습니다. 모든 조건을 완벽히 준비해 뒀기 때문입니다.

목포대·순천대 통합 의대 설립안 주도 ···
이재명 정부 국정과제로

조기 대선을 통해 다시 민주정부를 수립한 이재명 정부가 전남 국립 의대 신설을 국정과제로 포함시킨 것은 어쩌면 당연했습니다. 김 지사는 10월 1일 최교진 교육부 장관과 면담을 갖고, 전라남도 통합 대학교 국립 의과대학의 신속한 신설과 의대 정원 배정을 재차 건의했는데요. 김 지사는 이 자리에서 "전라남도는 정부의 '1도 1국립대' 정책에 적극 부응해 국립목포대와 국립순천대의 대학 통합이라는 각고의 노력을 통해 '통합 대학교 국립 의과대학'을 정부에 추천했다"며 "정부가 수차례 약속하고, 국정과제로 확정한 '전남 국립 의대 신설'이 반드시 2027년 3월 개교로 이어져야 한다"고 강조했습니다.

이와 함께 2026년 2월까지 양 대학의 통합 승인과 함께 국립 의대 정원 최소 100명을 배정하고, 양 대학 총장제를 유지한 '유연한 통합'을 대학 통합 규제 특례로 적용해 줄 것을 요청했습니다. 전남도민 모두가 원했던 국립 의대 설립이 이제 곧 현실이 될 것이라는 점은 누구도 부인하지 못할 것입니다. 지역 현안을 대하는 김 지사의 진실한 자세와 주도면밀한 전략, 모두의 공감을 얻어내는 소통 능력, 포기 없는 추진력 등이 한데 어울리면서 성과를 냈다고 할 수 있습니다.

갈라진 전남을 하나로,
비판에 맞서며 동부청사 건립

전남은 산업화 시대 이후 낙후와 쇠락의 길을 걸었습니다. 일제강점기, 해방 이후 미 군정과 한국전쟁, 군사독재 등을 거치면서 대한민국은 한정된 자원·자본을 수도권과 영남권이라는 특정 지역에 투입하는 경제정책을 폈습니다. 경부선·경부고속도로로 상징되는 압축성장 시스템은 호남을 제외한 채 산업지도를 그렸습니다.

1973년 박정희 군사정권은 중화학공업화에 본격 나서면서 핵심 업종으로 기계(자동차 포함)·철강·조선·전자·석유화학·비철금속의 6개를 선정했습니다. 이들 산업에 적합한 입지를 물색한 정부는 기반시설이 잘 갖춰지고, 일본과 가까운 영남에 산업단지를 집적시킵니다. 기계는 창원, 철강은 포항, 조선은 거제, 전자는 구미, 비철금속은 울산 등이 각각 가져갔습니다. 다만 경남과 가깝고, 항만을 갖추고 있는 여수·광양이 석유화학산업을 차지하며 간신히 산업화의 가장자리를 차지했습니다.

산업화 가장자리 차지 동부권, 행정 중심 서부권 갈등 표면화

산업화에 소외된 전남 서부권은 인구가 유출되고, 경제 역시 위축되는 현상을 겪게 됩니다. 시간이 가면서 서부권과 동부권의 격차가 점차 커지면서 서부권에 새로운 발전의 계기를 마련해야 한다는 목소리도 커집니다. 이러한 상황에서 1993년 5월, 당시 김영삼 대통령이 특별담화를 통해 5·18 민주화운동 기념사업의 하나로 전남도청을 전남으로 이전하고, 5·18 기념공원을 조성하겠다고 발표하면서 도청 이전 논의가 본격화됩니다.

1991년 1월 새로운 도청 소재지 선정 용역에 따라 유치 경쟁 끝에 남악신도시로의 이전이 결정됐지만, 도심 침체를 우려한 광주광역시의 반대에 직면하면서 차일피일 미뤄집니다. 결국, 2005년 11월 전남도청의 남악신도시 이전과 함께 서부권은 전남의 행정 중심지로 거듭나게 됩니다. 서부권의 '행정', 동부권의 '경제'라는 양 축으로 전라남도가 재편된 것입니다.

하지만 전남의 발전은 더뎠습니다. 인구는 계속 감소하고, 동부권 산업단지에 대한 의존도가 높아질 정도로 경제는 성장할 기미를 보이지 않았습니다. 침체일로의 서부권에서는 경제 발전에 대

김영록 도지사가 2023년 7월 28일, '광양 국가산단 투자 지원'을 동부청사 1호로 결재했다.

한 열망이 높아지고, 인구가 많은 동부권은 높은 행정 수요에 대한 적절한 대응을 바라는 목소리가 커졌습니다. 중앙정부 지원은 언제나 미흡하고 불충분했으며, 전남의 상황이 나아지지 않은 상태에서 서부권과 동부권 사이에 결국 갈등 양상이 나타나게 됩니다.

동부권은 여기에 2012년 여수세계박람회에 이어 2013년 순천만국제정원박람회를 성공적으로 개최하면서 기반시설을 대폭 갖추며, 전국적인 관광지로 거듭났습니다. 그에 반해 서부권은 급속한 인구 감소, 무안국제공항을 둘러싼 갈등 등으로 권역 발전의 전환점을 마련하지 못하고 있었는데요. 당연히 서부권은 경제 발전과 인구 유입을 위한 특단의 대책을, 동부권은 많은 인구·경제적 기여 등을 감안한 행정기관의 설립을 각각 전라남도에 강력히 요구하게 됩니다.

전남도지사의 입장은 난처할 수밖에 없습니다. 정책이나 사업을 결정할 때마다 출신 지역이 거론되며 양측에서 비난의 대상이 되기 때문입니다. 지방선거 때마다 출신 지역을 들먹이며, 이러한 권역 간 갈등·마찰을 부추기는 정치인들도 등장합니다. 물론 이 모든 원인은 쇠락하고 낙후된 전남에 대해 전폭적인 재정 투입을 통한 기반시설 정비, 신산업 및 연구시설 집적, 민간 기업 유치 지원 등에 나서지 않는 중앙정부에 있습니다. 전라남도 내 전체에 공공·민간 서비스가 고루 풍족하게 제공돼야 함에도 불구하고, 그렇지 못한 것은 '파이' 자체가 작기 때문입니다.

다만 그동안 전남도지사들은 서부권에 새로운 경제 발전의 비전을 제시해 구체적으로 실천하고, 동부권에는 주민들이 불편 없이 일상을 영위할 수 있도록 정책을 마련해야 함에도 이를 제대로 추진하지 못했습니다. 중앙정부로부터 전폭적인 지원을 받지 못했던 외적 요인과 함께 서부권과 동부권의 여론을 살피느라 적극적인 정책을 내놓지 못했고, 양측을 모두 만족시킬 만한 제대로 된 정책을 만들어내지 못했다는 내적 요인이 작용한 것입니다.

서부권에 경제 성장 비전 제시, 동부권에 명실상부한 청사 건립

김영록 전남도지사는 민선 7기를 시작하면서 전남을 하나로 만들어야 한다는 점을 절감합니다. 다른 시·도를 넘어서고, 중앙정부에 더 강하게 어필하는 데 있어 서부권과 동부권의 불필요한 경쟁은 너무도 큰 약점이 되기 때문입니다. 국립 의대 유치가 대표적입니다. 그는 서부권과 동부권이 가진 자원들을 면밀히 살피고 그에 따른 맞춤형 정책들을 내놓으며, 공정함을 유지하는 것에 최선을 다합니다.

서부권에 대해서는 해상풍력, 태양광 등 신재생에너지와 연계한 RE100(재생에너지 100% 사용) 산업단지와 무안국제공항과 연계한 산업단지 조성, 유통·가공을 통한 농어업의 고도화, 서남해안의 절경과 산해진미를 엮어낸 관광산업 업그레이드 등을 추진합니다. 동부권에 대해서는 기존 화학·철강 산업의 경쟁력 제고, 여수·광양항 물동량 증대 등 활성화 방안 마련, 순천만국제정원박람회와 여수세계섬박람회 등 대규모 이벤트 적극 지원, 고흥 우주 클러스터 조성, 전라선·경전선의 고속화 등에 나섭니다.

김 지사는 이와 함께 서부권의 반발을 무릅쓰며, 동부권에 출장소, 지역본부가 아닌 명실상부한 청사를 짓기로 전격 결정합니다. 지난 2014년 8월 기존 1개 과 수준의 동부출장소를 70여 명 규모의 국 단위로 격상시킨 지 4년 만의 일입니다. '생색내기' 수준이 아니라 실질적으로 전남도청의 기능과 역할을 할 수 있는 수준으로 설치하겠다는 것입니다. 동부권 주민들 역시 전라남도의 공공서비스를 더 편하게 받을 수 있도록 해야 한다는 그의 의지는 확고했습니다.

2018년 9월, 취임과 동시에 민선 7기 핵심 사업으로 동부청사 건립 사업을 시작한 그는 2023년 7월 청사 완공과 부서 이전을

김영록 도지사가 2023년 9월 1일, 전라남도 동부청사 이순신강당에서 동부청사 미래 비전 슬로건을 화폭에 담는 캘리그라피 퍼포먼스를 내빈들과 함께 하고 있다.

마무리, 일사천리로 이를 추진합니다. 청사에는 기존 환경산림국 6과 130명에서 일자리투자유치국, 문화융성국, 여순사건지원단, 기획홍보담담관 등이 더해져 400명에 가까운 직원들이 근무하게 됩니다. 동부청사는 3만 240㎡ 부지에 지하 1층, 지상 3층 연면적 1만 3,000㎡ 규모로, 본청에 가지 않고 민원처리가 가능한 스마트 민원실, 다목적 대강당, 북 카페, 숲 쉼터 등 지역민이 편리하게 이용할 수 있는 소통·휴식 공간을 갖췄습니다.

김 지사는 2023년 7월 23일 동부청사를 찾아 '광양 국가산단 투자 지원'을 첫 결재하는 등 시간이 날 때마다 자주 방문해 주요 현안을 보고받고, 소관 업무를 직접 챙기고 있습니다. 그는 이날 "동부청사 건립과 동부지역본부 확대 개편으로 동부 지역 도민의 행정서비스가 크게 향상될 것"이라며 "동부권의 산업 기반과 여건에 맞는 특색 있는 시책을 개발해 남해안 문화관광의 중심으로 거듭나고, 나아가 영호남 화합과 번영의 구심점이 되도록 힘껏 뛰겠다"고 다짐했습니다.

동부청사는 2023년 9월 1일 '세계 속의 전남, 도약의 터'가 될 것이라는 비전으로 정식 개청했습니다. 글로벌 대전환 시대, 전남 미래 100년 대도약의 주춧돌이자 200만 도민과 함께 화합과 융성의 전남을 이루겠다는 의지의 결정체이기도 합니다. 동부청사는 이후 도민 소통을 위한 열린 강좌와 휴게 공간, 문화 향유 기회 확대 등 '열린 청사'로, 동부권 주민들의 호평을 받고 있습니다. 동부권 오피니언 리더, 주민 대표, 기업 관계자 등과 꾸준히 만나면서 도정 현안에 대한 정책 제안과 건의 내용을 수렴하는 등 소통 채널을 체계화한 것도 큰 성과입니다. 동부권 7개 시장·군수들과 비정기 간담회를 통해 도정 현안 업무 협의 등 주요 시책을 사전 공유함으로써 도정에 대한 이해도를 높였습니다. 김 지사 역시 동부권 현장과 청사를 자주 방문해 현안 업무를 보고받고 결재하며, 성공적으로 안착하도록 적극적으로 나섰습니다.

동부청사는 동부권의 행정서비스 수준을 크게 높였습니다. 이와 함께 김 지사는 국립 의대 유치 문제로 마찰을 빚은 목포대학교와 순천대학교를 통합해 의대를 설치하는 방안을 성사시키며, 오랫동안 자리했던 동서 갈등을 사실상 잠재우는 데 결정적인 역할을 합니다. 하나의 정책이 주민 일상의 긍정적인 변화와 지역 미래 발전에 어떻게 기여하는지를 보여준 사례라고 할 수 있습니다.

김 지사는 여기서 멈추지 않습니다. 2024년 하반기에는 전라남도 내의 균형발전에 나섭니다. 어려운 재정 여건에 직면한 시·군이 좋은 아이디어와 지역의 우수 자원을 엮어내 새로운 프로젝트를 제시할 경우 자체 심사를 거쳐 도비를 대폭 지원하겠다는 취지입니다. '전남형 균형발전 300 프로젝트'라는 이름의 이 사업은 그동안 중앙 공모에만 의존했던 지역 개발 방식에서 탈피하겠다는 전라남도의 의지도 반영된 것입니다. 총사업비 300억 원 규모로 도비를 그 가운데 60~70% 정도 지원하며 300억 원 초과분은 시·군에서 부담하는 방식입니다.

2024년 11월 첫 공모에서는 여수·화순·영암·장성의 4개 시·군이 선정됐는데, 2030년까지 모두 1,220억 원이 투입될 예정으로 도내 균형발전에 크게 기여할 전망입니다. 김 지사는 "도민 전체를 위해 봉사하고, 균형발전을 위해 한 치의 소홀함이 없도록 최선을 다하고 있다"며 "어느 한 도민도 소홀히 하지 않으면서 전체가 함

2024년 9월 2일 전남 동부청사 이순신강당에서 열린 전라남도 동부청사 개청 1주년 기념식에서 김영록 도지사가 도정 발전 유공자들에게 시상하고 기념촬영을 하고 있다.

께 잘살 수 있는 길을 찾는 것이 나의 책무"라고 말하곤 했습니다.

아직 갈 길은 멀지만, 갈등과 마찰을 겪던 서부권과 동부권이 하나의 방향으로 발을 맞추고, 시·군의 재정 여건과 관계없이 도민 모두가 미래 희망을 품을 수 있게 됐다는 점에서, 그의 '전남 하나 되기 위한 정책'은 성공적이었다고 평가할 수 있습니다.

전남의 아픔, '여순사건' 특별법 제정에 공헌하다

'제주 4·3 사건'과 함께 해방 이후 우리나라의 아픈 현대사 가운데 하나가 '여수·순천 10·19 사건'(이하 여순사건)이라고 할 수 있습니다. 1948년 10월 19일 여수에 주둔 중이었던 조선국방경비대 제14연대 소속 장병들이 제주 4·3 사건을 진압하라는 이승만 정부의 출병 명령을 거부하면서 발발하였습니다. 이후 1950년 9월 28일 서울 수복 이전까지 약 2년 동안 주로 전남·전북·경남 일부 지역에서 비무장 민간인이 집단 희생되고 일부 군경이 피해를 겪었습니다. 민주화 이전에는 반란 사건으로 명명되면서 여수, 순천 등의 희생자, 유족 등을 매도하고, 그 아픔을 외면해 왔었습니다. 그 이후에도 지역 정치권이나 단체장들이 이에 대한 진상규명이나 명예회복을 시도하지 못했는데요. 남북분단의 현실에서 '여순사건'이 그만큼 부담을 줄 수밖에 없는 명제였기 때문입니다.

　2025년에 77주년을 맞은 '여순사건'은 이재명 민주정부 출범과 함께 새로운 국면에 들어섰습니다. 전라남도가 윤석열 정부에서 주춤했던 진상규명과 명예회복을 다시 추진하기 위해 올바른 역사 인식을 갖춘 인물로 '진상조사보고서 작성기획단'을 재구성하고, 국가 차원의 위령 사업을 추진해보겠다는 의지를 보였기 때문입니다. 이는 어려운 여건에서도 민선 7기 이후 김영록 전남도지사의 꾸준히 노력이 있었기에 가능한 일입니다. 희생자·유족들과 직접 소통하며, 그들이 진정 원하는 방향으로 정책을 구상하고, 공직사회를 이끌었기 때문입니다.

김 지사, 취임하자
진상규명·희생자 명예회복 본격 추진

　'여순사건'은 '제주 4·3 사건'과 함께 해방 이후 국가 폭력에 의한 대표적 대규모 민간인 희생 사건으로, 그 진상을 밝히고 희생자와 유족의 명예를 회복하기 위한 특별법이 제16대 국회 이후 네 차례 발의됐지만 제정되지 못했습니다. 이를 안타까워했던 김 지사는 2018년 자신이 민선 7기 전남도지사로 취임한 첫해에 여수에서 열린 70주기 합동 추념식에서 역대 도지사 중 최초로 국가를 대신해 희생자와 유족에게 사과했습니다. 2019년부터 전라남도 주관 합동 추념식을 개최한 데 이어 특별법 제정을 위한 분위기를 주도하였습니다. 그러한 결과로 73년 만인 2021년 6월 '여

김영록 도지사가 2021년 7월 30일 오전 여수시 만흥등 여순사건 희생자 위령비를 찾아 참배에 앞서 유족들과 이야기를 나누고 있다. 희생자 위령비는 1948년 10월 19일 여순사건 때 대표적인 집단 학살지에, 당시 무고하게 희생된 영령들을 추모하기 위해 2009년 9월 건립됐다.

수·순천 10·19 사건 특별법안'이 여야 합의로 국회 본회의를 통과했습니다. 특별법이 제정되면서 2022년부터는 정부 후원 합동 추념식으로 격상됐습니다. 유가족들에게 적은 돈이라도 생활보조비(10만 원)를 지급하자고 제안한 것도 그랬습니다.

김 지사의 '여순사건'의 진상규명 및 명예회복 노력은 2018년 10월 9일 유족회를 처음 만나 간담회를 진행하면서 시작됐습니다. 여수시 문수청사에서 '여순사건' 관련 여수시, 순천시 등 5개 시·군 민간인 유족회와 순직경찰유족회 등을 만나 유족의 아픔을 위로하고 미래를 위해 '화해와 상생의 길'을 함께 가자고 제안했습니다. 만남 이후 전라남도는 '여순사건' 70주년을 기념해 여수시, 순천시, 지역사회 단체 등과 함께 전국 학술대회, 추모 문화제, 창작

오페라, 도올 김용옥 강연회, 자전거 전국 순례 대행진 등 다양한 행사를 추진하고, 특별법 제정을 촉구하는 서명운동을 펼쳤습니다. 시·군과 공동으로 희생자 유해 매장지 안내판 설치 등 유적지 정비, 추모 배지 제작, 동부 지역 6개 시·군 '여순사건' 위령제 개최 지원 등에 나서고, 민족의 아픔과 치유를 공유해야 할 '여순사건'과 제주 4·3 사건의 역사 현장 교류도 시작했습니다.

김 지사는 2018년 10월 19일 오전, 여수에서 열린 '여순사건' 70주기 희생자 합동 추념식에 참석해 "정부는 2010년, 진실화해를 위한 과거사정리위원회의 권고에도 불구하고 아직까지 국가 차원의 사과를 하지 않고 있다"며 "정부에 앞서 과거 국가권력의 잘못에 의해 희생된 '여순사건' 희생자와 유가족께 진심으로 사과의 말씀을 드린다"고 유족들을 위로했습니다. 전남도지사로서 처음으로 공식 사과한 것입니다. 이러한 전라남도의 움직임에 2019년 3월 대법원이 '여순사건' 민간인 희생자에 대해 첫 재심을 결정했고, 같은 해 10월 19일에는 여수 전역에서 제71주년 추념 행사에 맞춰 처음으로 1분간 묵념 사이렌을 울리면서 여수시민들도 그 아픔을 공유할 수 있게 됐습니다. 이어 11월에는 71주년 기념 학술대회를 국회에서 열어 특별법 제정 공감대를 확산시키는 등 전라남도의 노력은 계속됐습니다.

2020년 1월 대법원은 '여순사건' 재심에서 무죄를 판결했고, 김 지사는 이를 토대로 국회에 특별법 제정에 나설 것을 촉구했습니다. 동시에 유가족들을 위로하는 합동 위령제를 갖고, 관련 유적지를 정비하여 '여순사건'이 국가권력에 의한 민간인 학살이라는 점을 강조했습니다. 자체적으로 도내 22개 시·군에 '여순사건' 피해 신고·접수를 위한 업무처리 지침을 시달한 뒤 시·군 민원실과 읍면동 사무소에 피해 유족 신고 창구까지 마련했습니다.

도지사로서 최초 공식 사과, 유가족에게 생활보조비 10만 원 지급 등

전라남도의 이 같은 적극적인 움직임에 지역 정치권이 동참하게 됐고, 드디어 전남 동부권 국회의원들이 '여수·순천 10·19 사건 피해자 명예회복과 진상규명을 위한 특별법안'을 공동 발의했습니다. 이 법안은 152명의 의원이 찬성해 국회에 제출됐는데, 진상규명 및 희생자 명예회복위원회 설치, 희생자와 유족의 복지 증진, 법률지원사업 지원, 희생자 또는 유족에게 의료지원, 생활지원금 지급 등이 담겨 있었습니다.

김 지사는 이 특별법 통과를 위해 행정안전위원회, 법제사법위원회의 여·야 간사들은 물론 대표, 사무총장, 관련 위원회 소속 의원 등 정치권 인사들을 만나며 열정을 쏟았습니다. 그 결과 2021년 6월 29일 특별법이 국회 본회의에서 가결된 것입니다. 유족들과 함께 이를 지켜본 김 지사는 "유족과 도민의 73년 염원이 결실을 맺어 감격스럽다"며 법안 통과에 힘을 보태준 모든 정치인, 언론, 시민단체 등에 일일이 감사의 인사를 전했습니다. 그만큼 절실했다는 의미입니다. 국가권력에 의해 희생된 가족으로 인해 평

여순사건 74주기를 맞아 2022년 10월 19일 첫 정부 주최로 열린 합동추념식에서 김영록 도지사가 추도사를 하고 있다.

생 한을 간직한 채 호소할 곳도 찾지 못했던 유족들의 마음을 진심으로 이해하고, 반드시 이를 해결하겠다는 집념이 만들어낸 결과입니다.

김 지사는 특별법 제정 이후 국가기념일 지정 추진과 함께 시행 조례 제정, 국비 확보, 공청회 등을 통한 국민 공감대 형성, 유족 증언 녹화 사업, 위령 사업 마스터플랜 수립 등 후속 대책을 마련했습니다. 이어 여순사건지원단을 정식 전남도청의 조직으로 동부청사에 설치하고, 국무총리 소속 '진상규명 및 명예회복위원회'가 구성되면서 전남도지사 소속 '명예회복 실무위원회'를 출범시켰습니다. 진상규명 신고·접수와 조사, 희생자·유족의 심사 결정을 위한 조사 등에 본격적으로 나선 것입니다.

2022년 10월에는 '여순사건' 발생 74년 만에 처음으로 희생자 45명과 유족 214명이 결정됐습니다. 김 지사는 환영문에서 "한평생 한 맺힌 아픔과 고통 속에 통한의 세월을 살아온 분들께 늦게나마 국가의 잘못을 공식적으로 인정하고, '여순사건'의 억울한 진실을 바로 잡은 이번 결정에 200만 전남도민과 함께 진심으로 환영한다"고 밝혔습니다. 이어 "희생자와 유족에 대한 배·보상, 유족 생활지원금 지원, 특별재심 등 그들의 실질적 명예회복과 지원을 위한 법 개정을 국회와 정부에 강력히 촉구한다"며 "매년 10월 19일을 국가기념일로 지정해 국가 공권력의 과오를 진심으로 참회하고, 희생자와 유족의 피눈물을 닦아 주길 바란다"고 덧붙였습니다. 2022년 10월 19일에는 드디어 첫 정부 합동 추념식이 광양 시민광장 야외공연장에서 개최됐습니다.

하지만 조사에서 심의·결정까지 시간이 너무 소요되면서 희생자·유족으로 결정되지 못한 신청자들이 계속 증가하였습니다. 2023년 12월 여순사건지원단에 따르면 제8차 실무위원회를 열어 희생자 581명에 대한 심사를 마쳐 심의·결정 건수는 모두 2,126건으로 늘었습니다. 하지만 이는 신청 대비 30%(7,155건)에 불과한 수치입니다. 중앙위원회의 심사·결정도 늦어지면서 최종 희생자·유족으로의 결정 역시 2023년 12월 434건에 불과했습니다. 이에 전라남도는 조사 인력 증원과 조사 기한 연장을 내용으로 한 특별법 개정과 함께 신속한 심사를 위한 여러 가지 방안을 지속해서 건의하고 나섰습니다.

'여순사건' 희생자·유족 지원 시스템 구축에도 속도를 내면서

2024년 2월에는 용역 중간보고회를 열기도 했습니다. 희생자·유족 신고·접수 및 진행 상황, 유족 증명서 신청, 유족 생활보조비 신청, 홍보 및 공지사항 등에 쉽게 접근하고 활용할 수 있게 하기 위함이었습니다.

이재명 정부에서 진상조사보고서 재구성과 국가 차원 위령 사업 추진

전라남도는 2024년 5월 제22대 국회 개원 첫날 '여순사건 특별법' 개정을 건의했는데요. 현행 '여순사건 특별법'은 희생자·유족 결정이 2025년 10월 종료하도록 규정하고 있는데, 현재 '여순사건' 피해 신고 7,465건 가운데 현 중앙위원회 심사 결정은 9.5%인 708건에 그쳐 진상규명 조사 기한 연장이 불가피했기 때문입니다. 이에 따라 진상규명 조사와 자료 수집 및 분석 기한 연장, 희생자와 유족에 대한 보상금 기준·절차 마련, 국가기념일 지정, 추념일 행사 개최, 생활지원금 지급대상 확대, 특별재심 및 직권재심 청구 권고 등의 내용을 특별법에 포함해야 한다는 것이 전라남도의 의견이었습니다.

김 지사는 2024년 11월 박선호 여순10·19항쟁전국유족총연합 상임대표 등 7개 유족회장과 간담회를 열어 여순사건 특별법의 조속한 개정을 위해 함께 노력하기로 약속하기도 했는데요. 여순사건 특별법 일부개정안은 이러한 과정을 거쳐 2024년 12월 국회

김영록 도지사가 2024년 11월 4일 동부청사에서 박선호 여순10·19항쟁전국유족총연합 상임대표 등 7개 유족회장과 간담회를 갖고 있다. 이날 김 지사는 유족들에게 여순사건 특별법의 조속한 개정을 위해 함께 노력하기로 약속했다.

문턱을 넘었습니다. 진상규명 조사 기한이 최대 2년 연장되고 진상조사보고서 작성 기한도 6개월 연장되는 등 부족했던 조사 기간을 확보하게 된 것입니다. 김 지사는 "76년의 길고 긴 세월을 숨죽이며 살아온 생존 희생자와 사랑하는 가족을 가슴에 묻고 오로지 진실이 밝혀지기만을 바랐던 유족들께 조금이나마 위로가 될 것"이라고 소감을 밝혔습니다.

2025년 8월 12일 여순사건 실무위원회는 제14차 실무위원회에서 희생자·유족 신고 295건(984명)의 심의를 의결했습니다. 이로써 '여순사건' 희생자·유족 신고 7,465건 중 5,836건의 심의를 마쳐 전체 신고 건수 대비 78%를 처리했습니다. 실무위원회는 '여순사건' 희생자·유족의 고령, 제주 4·3 사건과의 형평성 등을 감안해 신속한 진상규명과 명예회복을 위해 2025년 말까지 기존 신고 건수의 100% 처리를 목표로 추진 중입니다. 특별법 개정에 의한 추가 신고 건수도 조속히 심의·의결하기로 했습니다. 이밖에도 희생자 진료기관 지정병원 운영 기간 연장, 위령 사업 기념 거점 조성, 제77주기 '여순사건' 합동 추념식, 제2회 평화문학상 개최 등 관련 주요 사업을 차질 없이 준비하기로 했습니다.

　대한민국 현대사의 슬픈 역사 중 하나였던 '여순사건'이 김 지사 등의 노력으로 진상규명과 명예회복의 과정에 들어서면서 지자체와 정부가 그 아픔을 위로하며, 보듬을 수 있게 됐다고 할 수 있습니다. 전남은 물론 대한민국이 과거를 넘어 미래로 나아갈 수 있는 계기를 만들었다고 할 것입니다. 전라남도의 '여순사건' 관련 정책은 국가 공권력에 의해 피해를 입은 희생자·유족 등과 어떻게 소통하고, 진상규명과 명예회복을 위한 공감대를 어떤 방식으로 형성해 가며, 관련 법·제도를 만들어갈 것인지에 있어서 그 이정표를 세웠다는 점에서도 큰 의미가 있다고 하겠습니다.

청년, 신혼부부에게 만 원짜리 새집을 공급하다

의식주는 인간이 살아가는 데 반드시 있어야 할 요소입니다. 해방 이후 지독히도 가난했던 대한민국은 압축성장을 통해 경제 발전을 이룩하면서 먹을 것과 입을 것은 풍족해졌습니다. 다만 좋은 주택은 갈수록 얻기 어려워지는데요. 주거 목적의 주택이 부를 증식하는 수단이 되고, 부유층들이 다량의 주택을 소유하며 투기를 일삼고 있기 때문입니다. 특히 인구, 자본, 기업 등이 집적돼 있으며, 계속 그 정도를 더해가는 서울, 경기 등 수도권의 주택 가격은 이미 근로소득만으로 소유할 수 없는 수준에 이르고 있습니다.

영세민을 비롯한 청년, 신혼부부 등의 주택난은 매우 심각합니다. 저렴하지만 좁고 질이 낮으며 공급량도 너무 적은 공공임대주택만으로는 이들의 수요를 충족시키지 못했습니다. 결국, 좋은 주택을 구하지 못한 청년들은 결혼을 포기했고, 신혼부부들은 아이

낳기를 주저하면서 출생률이 급감하는 등 대한민국의 미래가 위협받기에 이릅니다. 하지만 대규모 재정 투입이나 법·제도의 제·개정이 필요한 주택정책은 중앙정부의 권한이었으며, 지방자치단체가 자체적인 정책을 고안해 집행하기에는 한계가 있었습니다.

청년·신혼부부의 전남 정착을 위한 주택정책 고민한 김 지사

지방소멸 위기에 직면한 전남을 비롯한 일부 시·군에서는 청년들이 떠나가면서 이들을 붙잡을 수 있는 정책이 무엇보다 시급했습니다. 지역 청년들이 계속 거주하고, 더 나아가 수도권이나 대도시의 청년들이 이주해 와 지역 활기가 되살아난다면 공공 재정을 투입해야 한다는 여론도 높아졌는데요. 여기서 화순군의 시도가 주목을 받았습니다.

광주라는 대도시에 인접해 있는 화순군이 전국 최초로 2023년 '청년·신혼부부 만원 임대주택 지원사업'을 시작한 것입니다. 화순군이 지역 20평형 임대아파트 100호의 보증금을 군 예산으로 부담해 확보한 후 이를 18세 이상 49세 이하 청년과 신혼부부(혼인신고 7년 이내 또는 3개월 이내 혼인 예정)에게 서류 심사, 입주자 추첨을 통해 월 1만 원에 제공하는 것이 사업의 골자입니다.

거주 기간은 2년으로, 2회 연장이 가능하기 때문에 모두 6년을 살 수 있습니다. 화순군 또는 광주광역시에서 높은 주택임대

2023년 9월 6일, 9월 정례조회에서 '전남형 만원주택' 정책을 소개하고 있는 김영록 도지사.

료를 부담해야 했던 청년·신혼부부들은 쾌재를 불렀습니다. 거의 무료에 가까운 비용으로 6년간 거주지를 마련한 뒤 돈을 모아 좋은 주택을 살 수 있는 기회가 생겼기 때문입니다.

화순군에 따르면 2023년과 2024년 모두 200세대가 입주를 마쳤고, 이 중 90세대(124명)는 외지 청년과 신혼부부들로 채워졌습니다. 만원 임대주택에 입주한 이후 출산한 가정은 무려 14가구나 됐습니다. 이러한 화순군의 성공을 가장 먼저 주목한 사람이 김영록 전남도지사입니다. 그는 대도시 인근의 화순군에서 가능했던 이 정책을 다른 여건의 인구소멸 위기 지역에서도 적용할 수 있는 방안을 고민합니다.

화순 만원 임대주택에서 아이디어 얻어
만원 신규 주택 공급

김 지사는 청년·신혼부부들이 인구소멸 위기 지역에서 계속 거주하거나 찾아오게 하기 위해서는 넓고, 새로운, 좋은 주택을 공급해야 한다는 결론에 이릅니다. 그렇게 해서 2023년 9월 도비와 함께 정부의 지방소멸대응기금을 재원으로 해 16개 군에 모두 1,000호의 월 임대료 만 원의 공공임대주택을 제공하기로 합니다. '전남형 만원주택' 정책을 시행하기로 한 것입니다.

청년에게는 20평형(60㎡), 신혼부부에게는 30평형(84㎡)의 새 아파트를 빌려 주고, 각각 최장 6년, 10년씩 살 수 있게 하는 파격적인 주택정책입니다. 사업비는 도비 1,800억 원, 광역소멸기금 720억 원 등 모두 2,843억 원입니다. 김 지사는 신속하게 정책 시행에 나서는데요. 관련 조례를 서둘러 제정하고, 첫 사업 대상지로 보성·고흥·신안·진도 등을 선정했습니다. 김 지사의 '전남형 만원주택 발표' 이후 도청에는 도민의 격려와 확대를 바라는 응원의 목소리가 잇따랐습니다.

그만큼 청년과 신혼부부들은 물론 그들의 부모에게까지 호평을 받았다는 의미입니다. 김 지사는 본격적인 시행에 앞서 정책을 보다 세심하게 다듬기 위해 16개 군과 정책의 대상이 되는 청년·신혼부부의 의견을 수렴하기 시작합니다. 만원주택이 공급될 16개 군 인구정책 또는 건축부서 과장과 정책회의를 매달 개최하도록 해 만원주택 사업지 선정 기준, 장애 요인 등을 사전 점검한 것입니다.

　시행을 맡을 전남개발공사와 전담팀을 구성해 매주 회의를 갖고 조기 착공과 신속한 입주 방안도 마련하도록 했습니다. 2023년 11월에는 정책 수혜자인 청년의 의견을 듣고 사업계획에 반영하기 위해 설문조사를 진행했습니다. 선호하는 시설, 주택 규모, 주거의식 등을 조사해 반영하기 위함입니다.

청년 20평형 신혼부부 30평형 새집 최장 10년 거주

　2024년을 '지방소멸 위기 극복 원년'으로 삼은 김 지사는 '전남형 만원주택 사업'을 서두릅니다. 2024년 2월 인구 감소 지역으로 지정된 16개 군을 대상으로 공모한 결과 9개 군이 응모함에 따라 전문가로 구성된 전라남도 주거정책심의위원회 심의를 거쳐 4월 고흥·보성·진도·신안을 대상지로 선정했습니다.

　4개 군에는 단지별로 전라남도에서 50호를 공급하고, 진도군의 경우 군비를 더해 10호를 추가 공급함으로써 모두 210호가 되었습니다. 사업 대상지들은 도심지에 위치해 학교 및 보육시설, 판매시설, 주민 편의시설 등이 갖추어져 입주 청년이 생활하는 데 불편함이 없는 것이 주요 선정 원인으로 꼽혔습니다.

　고흥과 보성은 나로우주센터와 관련된 우주항공산업과 스마트팜 관련 종사자, 순천대학교의 글로컬30 선정에 따른 일자리 수요

김영록 도지사가 2025년 4월 24일 진도읍 남동리 전남형 만원주택 사업부지에서 주요 내빈들과 '전남형 만원주택' 기공을 축하하는 시삽을 하고 있다.

증가 전망이 평가에 영향을 미친 것으로 분석됐습니다. 진도와 신안은 섬 지역 숙박형 국내 관광 활성화로 관광레저업에 종사하는 근로자 수요 증가와 수산업을 위해 어촌으로 돌아오는 청년 수요에 대응하기 위한 정책 등이 이번 선정에 영향을 끼친 것으로 분석됐습니다.

청년들의 경우 최초 거주 기간을 4년으로 기존 공공임대아파트의 2년보다 더 길게 설정했으며, 신혼부부는 아이를 한 명 출산할 때마다 3년씩 연장할 수 있도록 제도를 수정해 나갔습니다. 이와 함께 월 1만 원의 임대료를 받으면서 부족한 운영비의 재원을 마련하기 위해 모두 680억 원 규모의 '청년 주거 안정 및 한옥 기금'을 전국 최초로 조성하기로 합니다. 이어 전라남도 주거복지센터를 전남개발공사에 설치해 주거복지 서비스, 주택사업, 정주 여건 개선사업 등의 서비스를 원스톱으로 제공하는 한편, 입주 청년의 불편이 없도록 입주 단계 상담부터 준공 후 운영관리까지 전담하게 했습니다.

2025년 진도·고흥 기공, 2027년 순차 입주…
신속한 사업 추진

2025년 4월에는 신규 사업 대상지로 곡성·장흥·강진·영암을 선정해 모두 207호를 공급하기로 하고 2026년 착공하기로 했습니다. 곡성군이 3호, 장흥군은 4호를 추가했으며, 2024년 확정된 210호를 합하면 417호의 전남형 만원주택이 공급되는 것입니다. 모두 도심지에 위치하며, 초등학교, 보육시설, 병원 등 주민 편의시설 등이 밀집해 있어 입주하는 청년·신혼부부의 정주 여건 향상에 크게 기여할 것으로 예상됩니다.

김 지사는 "전국 최초로 시행한 농어민 공익수당과 도 단위 전국 최초 바우처 택시 도입 등에 이어 전남형 만원주택도 국가 정책에 반영되도록 노력하겠다"며 "앞으로도 청년층 목소리에 귀 기울여 맞춤형 시책을 지속해서 발굴해 추진하겠다"고 말했습니다.

2025년 4월 진도에서 '전남형 만원주택'이 비로소 첫 삽을 떴습니다. 계획 수립에 이어 착공까지 2년이 채 안 걸린 것입니다. 진도의 전남형 만원주택은 총사업비 180억 원으로 3,442m^2 부지에 15층 2개 동 규모로 건설됩니다. 청년 30세대, 신혼부부 30세대가 월 만 원의 임대료로 새집을 얻게 되는 것입니다. 김 지사는

김영록 도지사가 2025년 10월 13일 고흥읍 성촌리 전남형 만원주택 사업부지에서 열린 '전남형 만원주택' 기공식에서 인사말을 하고 있다.

2025년 하반기 입주자를 모집해 2026년 상반기 첫 입주를 할 수 있을 것으로 전망하고 있습니다.

2025년 9월에는 전남형 만원주택 입주 자격(안)을 마련해 도민 의견 수렴에 나섰습니다. 우선 입주 자격(안)에 따르면 청년은 18세 이상 45세 이하의 무주택자 가운데 전남에 근무하거나 창업을 준비하는 사람, 농·어·임·축산업 종사자, 예술인 등이 해당됩니다. 청년은 기준 중위소득 170% 이하 조건을 충족해야 하며, 최초 4년 계약 후 연장을 통해 최대 6년간 거주할 수 있습니다. 신혼부부는 혼인 7년 이내이거나 6세 이하 자녀가 있는 가정, 예비 신혼부부도 입주 대상에 포함됩니다. 소득 기준은 기준 중위소득의 150%(맞벌이 180% 이하)로 설정됐습니다. 특히 자녀를 출산할 경우 자녀 1명당 3년씩 거주 기간이 연장돼 최대 10년간 거주할 수 있어 결혼과 출산을 장려하는 효과가 기대됩니다.

전남형 만원주택만의 차별화된 운영 방안도 담겼습니다. 가정어린이집 운영자를 반드시 1호 배정해 육아 친화적 환경을 조성하고, 자립 준비 청년이나 예술인을 배정해 청소나 안내 등을 맡겨 관리비 절감 효과를 높이기로 했습니다. 이와 함께 청년 2인 이상 공동생활 가구, 신혼부부 다자녀 가구 등 정착 가능성이 큰 계층을 우선 공급 대상으로 지정해 지역사회에 활력을 불어넣는 데 중점을 뒀습니다.

이러한 입주 자격(안)은 전라남도 누리집 공고와 8개 권역별 주민설명회를 통해 도민 의견을 폭넓게 수렴한 뒤 전라남도 주거정책심의위원회 심의를 거쳐 최종 확정됩니다. 2025년 10월 13일에는 고흥에서 두 번째 전남형 만원주택 기공식을 열었습니다. 180억 원을 투입해 15층, 50세대 규모로 2027년까지 순차적으로 입주할 예정입니다.

김 지사는 전남의 청년들이 교육, 취업 등을 위해 수도권으로 떠나야 하는 현실을 무엇보다 안타까워했습니다. 이를 막아보기 위해 기업 유치, 인재육성 지원 등에 전력을 다했는데요. 청년과 신혼부부들을 위해 주택을 사실상 공짜로 제공하는 화순의 성공 사례를 면밀히 분석하고, 더욱 고도화해 도민들이 진정 바라는 정책을 만들어 냈습니다. 또 이를 신속하게 추진하면서도 수요자인 청년·신혼부부들이 만족할 수 있도록 철저하게 준비했습니다. 정책의 수혜자를 위해, 지역의 미래를 위해, 항상 진심으로 고민하면서 그 누구도 생각하지 못한 정책을 만들어 낸 것입니다.

PART 3

어렵고 소외된 이들에게 마음으로 다가선 정책

- 농어업을 국가 전략산업으로, 농어민을 식량안보 보루로 삼다
- 다양한 바우처 정책으로 공공서비스의 수준을 높이다
- 섬 주민이면 뱃삯은 단돈 천 원
- 전국 모범 모델 소상공인 지원 프로그램을 만들다
- 도내 대학생·졸업생의 해외 취업까지 도와주다

"김영록은 대한민국 공동체의 지속 가능한 미래를 위해 어렵고 소외된
이들을 보호하고 행복하게 살 수 있도록 지원해야 한다는 신념을 갖고 있다.
과거 자신의 성장 과정에서 겪은 어려움을 기억하고
농어민부터 섬 주민, 여성, 장애인, 노인, 소상공인 등
사회적 약자를 위한 다양한 대책을 고민하고 실현시켰다."

농어업을 국가 전략산업으로, 농어민을 식량안보 보루로 삼다

2025년 8월 25일 기준, 산지 쌀값이 21만 8,520원(80kg 한 가마)으로 무려 4년 만에 20만 원 선을 회복했습니다. 2024년 같은 기간의 17만 6,280원 대비 23% 상승한 것인데요. 매년 쌀값은 이처럼 등락을 거듭하면서 농민들의 애를 태우고 있습니다. 2025년 8월 4일 국회 본회의에서 '양곡관리법 일부 개정 법률안(이하 '양곡법 개정안')과 '농수산물 유통 및 가격안정에 관한 법률 일부 개정 법률안(이하 '농안법 개정안')이 가결되면서, 앞으로 농민들의 이러한 걱정이 덜어질 것으로 예상됩니다.

'양곡법 개정안'은 정부가 쌀 수급 균형 면적과 논타작물 목표 면적을 사전에 체계적으로 계획하고, 논타작물 전환이 실효성 있게 작동되도록 농업인에게 충분히 지원하도록 규정하고 있습니다. 만약 불가피하게 과잉이 발생하면, 생산자단체가 1/3 이상(5인 이상) 참여하는 '양곡수급관리위원회'가 수급 상황에 맞는 대책을 심의하고 정부가 의무적으로 대책을 추진하도록 보완했습니다. 체계적인 수급정책이 이루어지면 현재보다 쌀 과잉은 줄어들 것이며, 수급 안정에 소요되는 예산 또한 절감될 것으로 예상됩니다. 김영록 전남도지사가 농림축산식품부 장관이던 2017년 쌀값이 12만 7,000원대까지 떨어지면서 이 같은 정책을 추진했는데, 8년이 지나 법제화된 것입니다.

국회의원 시절부터 쌀 제값 받기 등에 혼신을 다한 김 지사

'농안법 개정안'은 정부·지자체가 주요 품목에 대해 체계적으로 '농산물의 수급에 관한 계획(농산물 수급계획)'을 수립하도록 하고 있습니다. 수급 불안 시에는 정부 수매 등 사후 조치를 강화하도록 규정했는데요. 해당 연도의 농산물 평균가격이 기준가격 미만으로 하락할 경우, 그 차액의 전부 또는 일부를 지급하는 '농산물가격안정제도'를 신규 도입하기로 했습니다.

두 가지 법안의 개정을 지속적으로 주장해온 정치인이 김 지사입니다. 그는 농어업을 국가 전략산업으로, 농어민을 식량안보 최후의 보루로 여기며, 공익적 측면을 그 누구보다 강조해 왔습니다. 대한민국의 산하와 바다를 지키며, 국민 모두에게 건강한 먹을거리를 제공하는 농어촌과 농어민을 국가가 적극적으로 보호해야

김영록 도지사는 오래전부터 쌀의 체계적인 수급 정책, 농산물가격안정제도 등을 담은 양곡법과 농안법 개정안을 주장해 왔다. 국회의원 시절에는 쌀 제값 받기, 소규모 항·포구에 대한 정부 지원 등을 줄기차게 주장해 관철시키기도 했다.

한다는 것입니다. 역사·문화, 환경·경관, 공동체 등의 측면에서도 농어촌의 지속 가능성은 반드시 확보돼야 할 것입니다.

김 지사는 국회의원 시절부터 농민의 편에서 쌀 제값 받기 등에 적극적으로 나섰습니다. WTO(세계무역기구) 체제와 자유무역협정 속에 약자였던 농어민들은 국가로부터 아무런 보호도 받지 못했던 상황이었습니다. 그는 쌀 목표 가격 인상을 위해 철야농성도 불사하고, 가장 멀고 불편하게 살고 있는 섬 주민들의 차량 운임 지원의 길을 열기 위해 정부와 수십 차례 회의하며 관철시키기도 했습니다.

특히 국회의원 시절 쌀 목표가격을 두고 정부 당국과 벌인 치열한 논쟁은 지금까지 회자되고 있습니다. 2013년 12월 국회 예산결산특별위원회 종합정책질의에 참석한 그는 당시 정홍원 국무총리, 현오석 부총리 겸 기획재정부 장관에게 "정부가 쌀 변동직불금 목표가격을 17만 9,600원으로 결정한 데 대해 농민들은 받아들일 수 없는 안이고 국회에서도 결코 동의할 수 없다"고 강력하게 비판했습니다. 민주당은 19만 6,000원을 제시한 상황이었는데요. 그는 "정부가 6개월간 허송세월하다가 이 같은 결정을 내렸지만, 농민들의 요구 및 물가상승률을 감안했을 때 턱없이 부족하다"고 지적했습니다. 결국, 김 지사의 끈질긴 요구 덕분에 8년 동안 묶여 있던 쌀 목표가격이 인상될 수 있었습니다.

그는 6년간 국회 농림축산식품해양수산위원회 위원 및 간사로 활동하면서 농업과 농촌의 산적한 여러 문제에 대한 정책적 해법을 찾고자 노력했는데요. 예를 들어 FTA 피해보전직불제 발동기준 완화 및 보전비율 상향, 밭직불제 최초 도입, 농업용 면세유 기종에 농업용 1t 트럭 추가, 농지 임대차 최소기간 3년 명시 농지법 개정 등이 대표적입니다. 이와 함께 정부가 외면했던 소규모 어항, 포구 등에 대한 지원을 최초로 주장했으며, 이는 향후 문재인 정부의 '어촌 뉴딜 300' 정책으로 재탄생했습니다. 자신의 지역구인 완도, 해남, 진도 등의 모든 마을을 찾아가는 '희망민생투어'를 통해 농어민들의 목소리를 직접 들어 일일이 해결한 것도 유명합니다.

2017년 7월 농림축산식품부장관 취임 일성 역시 쌀값 인상이었습니다. 한 포대(80kg)에 12만 원대까지 떨어진 쌀값을 16만 원

이상으로 끌어올렸습니다. 당시 김동연 경제부총리와의 담판을 통해 시장에서 격리할 쌀의 양을 기존 25만t에서 32만t으로 대폭 늘리면서 시장 공급량을 줄이는 데 성공한 것이 결정적이었습니다. 2017년 첫 수확한 쌀 가격이 15만 800원으로 시작해 계속 오르더니 연말에는 16만 원을 돌파했습니다. 농식품부 장관 최초로 쌀값을 올린 장관이 된 것입니다.

열악한 재정 여건에도
민선 7기 전국 최초로 농어민 공익수당 도입

장관 시절 그가 추진한 대표적인 정책은 쌀 공급 과잉을 막기 위한 '쌀 생산 조정제'입니다. 생산 조정을 할 논 면적을 계속 늘려가고, 재고로 쌓인 쌀은 사료용으로 하겠다는 방침도 밝혔는데요. 최근 국회를 통과한 양곡관리법 개정안과 내용이 같습니다. 이와 함께 농업의 공익적인 기능을 헌법에 명시해야 한다고 말해 주목을 받았습니다. 그는 당시 "농업은 다른 산업과는 달리 국가에 기여하는 공익적 기능이 커서 보호해야 한다"면서 "국민적인 공감을 얻어서 농민을 보호하는 게 정부의 책임"이라고 설명하기도 했습니다.

잘못된 경제 논리를 농어촌·농어민에게 강요할 것이 아니라 농어업을 생명 산업으로, 미래 전략 성장 산업으로 키워야 한다는 것이 김 지사의 신념입니다. 민선 7기 전남도지사로 취임하자마자

김영록 도지사가 조생벼 수확이 한창인 고흥 포두면 들녘을 찾아 콤바인으로 벼 수확 시연을 하고 있다.
김 지사는 농업을 국가 전략산업으로, 농민을 식량안보 보루로 육성하고 보호해야 한다고 주장해 왔다.

김 지사는 '전남형 농어민 공익수당' 도입을 추진했습니다. 열악한 재정 형편도, 기반시설과 미래 산업에 대한 투자를 우선해야 한다는 주변의 설득도 농어민들에게 기본소득을 지급해야 한다는 그의 의지를 막지 못했습니다. 2019년 4월 중남부권을 시작으로 4개 권역별 공청회를 개최한 뒤, 그해 9월 관련 조례를 제정했습니다. 이어 2020년 본예산에 도비 584억 원과 시·군비 875억 원 등 1,459억 원을 확보하고, 부정수급 방지 등을 위한 세부지침을 마련했습니다. 2018년 12월 31일 이전부터 농어업 경영체의 경영주 24만 3,000여 명에게 연간 60만 원을 지역화폐로 지급하기로 한 것입니다.

김 지사는 또 전국 최초로 면세유와 전기요금 지원을 신속하게 추진하는 등 농어민의 무거운 어깨를 덜어주기 위해 노력했습니다. 2023년 7월 김 지사를 면담한 윤일권 전국농민회 광주전남연맹 의장은 감사의 뜻을 전하고 농어민 공익수당 인상을 요청했습니다. 이에 김 지사는 "농어민 공익수당은 농업의 헌법적 가치 차원에서 국가의 지원이 필요하며, 농민회와 단체에서도 한목소리를 내주길 바란다"고 답했습니다. 전라남도는 지난 5월 농·어·임업 경영정보를 등록한 경영체의 경영주 또는 공동경영주로서 2024년 1월 1일 이전 계속해 전남에 주소를 두고, 2024년 1월 1일 이전부터 계속 농·어·임업에 종사하는 도민에게 농가당 60만 원씩 시·군 여건에 따라 지역화폐, 선불카드, 제로페이 등으로 지급했습니다.

지구온난화에 따른 이상기후로 인한 피해 보상을 제대로 받을 수 있도록 노력을 기울인 것도 김 지사입니다. 그는 2018년 7월 취임하자마자 사상 유례가 없는 폭염과 호우, 태풍 등 기상재해로 농작물 피해가 확산되자 태풍, 가뭄 등 농업 재해 복구비를 현실화하기 위해 앞장섰습니다. 재해 보상 금액이 피해 시설을 재건 또는 복원하는 데 들어가는 비용의 절반에도 미치지 못하고 있다는 현장의 목소리에 즉각적으로 대응한 것입니다.

일조량 부족, 저온, 벼멸구, 벼 깨씨무늬병 등에 대해서도 논리를

2025년 8월 14일 고흥 양리마을을 찾아 주민들과 직접 대화에 나선 김영록 도지사. 그는 국회의원 시절부터 농어촌 마을 현장에서 민원을 듣고 해결하는 데 최선을 다하고 있다.

개발하고, 끈질기게 정부 부처를 설득해 농업 재해로 인정받도록 이끌었습니다. 신속하게 피해를 조사하고, 기자회견 등을 통해 공감대를 형성하는 한편 기상청 자료 등을 토대로 이상기후에 의한 결과라는 점을 정부 부처에 줄기차게 설명하고 건의한 결과입니다.

김 지사는 2025년 8월 14일 고흥 포두면을 방문해 한국쌀전업농 전라남도연합회 시군회장단과 간담회를 갖고, 조생 벼 수확 현장을 찾아 농업인의 노고를 격려하며 실질적인 농정 지원을 약속했습니다. 이 자리에서도 그는 올해 쌀값을 걱정하며 농민들의 마음을 어루만졌습니다. 한국쌀전업농 전라남도연합회는 전남 쌀 산업 발전을 위한 지속적인 관심과 지원에 감사의 뜻을 담아 김 지사에게 감사패를 전달했는데요. 김 지사는 "쌀 생산 과잉, 소비 감소, 농촌 고령화 등으로 우리 농촌은 복합적인 위기에 직면했지만, 최근 양곡관리법 등 농업 4법 개정안이 국회를 통과하면서 쌀 산업에 새로운 전기가 마련되고 있다"고 내다봤습니다. 이날 김 지사는 콤바인을 직접 운전하면서 벼 수확 시연에 참여하기도 했습니다.

이어 고흥 양리마을을 들러 현장 좌담회를 가졌고, 이어 8월 22일에는 진도 신기마을을 찾아 주민들의 허심탄회한 이야기와 민원을 들었습니다. 김 지사는 "전남 곳곳의 농어촌 마을들이 주민이 중심이 돼 마을의 콘텐츠를 발굴하고, 발전해 나가기를 기원한다"며 "주민 목소리를 직접 듣고, 현장에 맞는 정책을 설계해 더욱 살기 좋은 농어촌을 만들겠다"고 다짐했습니다.

다양한 바우처 정책으로
공공서비스의 수준을 높이다

바우처(voucher), 즉 서비스 이용권은 제한된 상품이나 서비스에 대해 보조 지원하는 제도를 말합니다. 현금으로 보조하는 것이 아니라 상품이나 서비스를 필요로 하는 사람들에게 직접 이용권 형태로 지불하는 것입니다. 공공서비스를 특정 계층에게 효율적으로 전달할 수 있어 즉각적인 효과를 볼 수 있으며, 예산 낭비도 줄일 수 있기 때문에 최근 바우처를 이용한 다양한 정책들이 나오고 있습니다. 서비스를 받는 수혜자는 물론 서비스 공급자도 도움이 되기 때문입니다.

바우처 택시 첫 실시,
장애인 등 교통약자 이동권 보장

김영록 전남도지사도 일찌감치 바우처의 효용성에 주목하고 소외계층을 대상으로 맞춤형 정책들을 내놓았는데요. 대표적인 것이 '장애인 바우처 택시'입니다. 2021년 8월 전라남도는 광역시가 아닌 도 단위에서는 전국 최초로 이 제도를 도입해 우선 여수·순천·나주·광양·해남의 5개 시·군에서 교통약자를 대상으로 시행했습니다. 택시 89대가 교통약자들을 위해 상시 대기하며, 즉각 콜을 받아 운영하는 시스템인데요. 평소에는 도민들을 대상으로 영업을 하다가 보행 장애 정도가 심해 대중교통 이용이 어려운 비휠체어 장애인이 콜을 하면 우선적으로 서비스하는, 장애인 콜택시 등 특별교통수단 이외의 일반 택시입니다.

비휠체어 장애인의 이동 비용 상당 부분을 전라남도와 시·군이 바우처로 부담하게 되는데, 전라남도는 민선 7기 출범 이후 장애인단체, 택시업계, 시·군 교통부서와 지속적으로 만나고 여러 차례 토론을 거쳐 이 정책을 만들었습니다. 교통약자는 장애인 콜택시를 기다리는 시간을 대폭 줄일 수 있고, 택시업계는 안정적 매출을 유지하거나 높일 수 있다는 점에서 호평을 받았습니다.

김 지사는 2022년 하반기부터 이 정책을 15개 시·군으로 확대했습니다. 우선 수혜자인 교통약자들의 반응이 폭발적이었으며, 형평성을 감안해 다른 시·군의 교통약자들도 이동권을 보장해줘야 했기 때문입니다. 바우처 택시도 174대로 늘렸습니다. 2023년

2021년 8월 전라남도가 교통약자 이동권 보장을 위해 도 단위에서 첫 도입한 바우처 택시.

7월부터는 목포시 등 나머지 7개 시·군이 참여하면서 전라남도 전역에서 바우처 택시를 이용할 수 있게 됐는데요. 385대의 택시가 도내에 거주하는 교통약자들의 발이 돼 그들이 필요로 할 때 언제든지 달려가는 시스템을 구축했습니다. 바우처 택시 도입으로 장애인, 고령자 등 교통약자들의 이동권 편의는 크게 높아진 것으로 분석됐습니다.

전라남도에 따르면 바우처 택시 도입 전 장애인 콜택시 이용자는 1만 2,949명으로 월평균 이용 건수는 4만 803건이었습니다. 그런데 바우처 택시 도입 후 이용자는 2만 261명으로 1.5배 증가했으며, 월평균 이용 건수는 9만 5,216건으로 무려 2.3배가 늘었습니다. 이용자들의 평균 대기시간 역시 도입 전 34분에서 20분으로 크게 단축되면서 서비스 만족도 역시 높아졌습니다.

취약계층에 지역 농산물 바우처 지급…
지역 경제 활성화에도 기여

김 지사는 경제적 취약계층에게 도내에서 생산되는 농산물을 공급하는 바우처 정책도 만들어 냈습니다. 2021년 해남을 시작으로, 2022년 장성, 2023년에는 강진을 각각 시범사업 대상지로 선정해 취약계층의 영양 개선, 지역 농산물 소비, 지역 경제 활성화라는 세 마리 토끼를 잡기 위해 33억 원을 투입한 것입니다. 이들 3개 지역에 거주하는 중위소득 50% 이하 기초생활수급자, 차상위계층 8,086가구에 1인 가구 기준 월 4만 원(가구원 수에 따라 차등 지원)의 농축산물 바우처 카드를 지급하는 정책입니다. 주소지 관할 읍면 행정복지센터를 방문해 바우처 카드를 받으면 매달 1일 자동 충전되며 사용 잔액 2,000원 미만은 이월되게 했습니다.

구매 가능 품목은 국내산 신선 채소와 과일, 우유, 계란, 육류, 잡곡, 꿀, 두부류, 단순 가공채소류, 산양유 등 10개 품목으로 한정되고, 관내 농협 하나로마트, 로컬푸드 직매장, 남도장터, 온라인 농협몰 등에서만 사용할 수 있으며, 거동 불편자 등을 위해 꾸러미 배달 방식도 함께 도입했습니다. 2024년 곡성, 영광 등을 포함해 5개 군으로 이 정책을 확대한 전라남도는 2025년 드디어 22개 모든 시·군에 이 정책을 적용하기에 이릅니다. 지원 범위를 넓히면서 그 대상은 기준 중위소득 32% 이하 생계급여 수급 가구 중 임산부·영유아·만 18세 이하 아동을 포함한 가구로 재설정했으며, 지원 기간은 3월부터 12월까지 10개월로 조정했습니다.

김영록 도지사가 2020년 6월 23일 오전 도청 접견실에서 조진호 CJ CGV㈜ 영업본부장, 김농선 한국 여성농업인 전라남도연합회장 등과 전라남도 여성농어업인 행복 바우처 카드 사용에 관한 업무협약을 체결한 뒤 기념촬영을 하고 있다.

전라남도가 2017년부터 5만 2,000여 명의 여성 농어업인에게 연 10만 원 상당의 문화 복지 활동을 할 수 있도록 지원하는 '여성 농어업인 행복 바우처' 사업의 경우 김 지사는 지불 방식을 더욱 편하게 변경하고, 대상도 대폭 확대했습니다. 2024년 4월 기존 선불형 기프트카드에서 포인트 충전식으로 여성 농어업인 행복 바우처 지급 방식을 개선하고 액수도 20만 원으로 증액한 것입니다.

2025년부터는 여성 농어업인 평균연령 고령화 등 사회적 변화를 감안해 행복 바우처 지원 대상 상한선을 기존 75세에서 80세로 상향해 여성 농어업인 10만 7,500여 명이 혜택을 받게 했습니다.

노인 일자리 예산 7년 만에 3배 늘려, 안정된 수익 보장

이미 2011년 초고령사회(65세 이상 고령자 비율 20% 이상)에 진입한 전남의 여건에서 노인 일자리정책을 고민한 김 지사는 민선 7기 취임 직후인 2019년 2월 노인 일자리를 대폭 늘립니다. 1,159억 원의 예산으로 전년도(3만 3,000개)보다 7,000개 늘어난 4만 개의 일자리를 제공하기로 한 것입니다. 월 30시간, 27만 원의 활동비를 받는 '사회서비스형 일자리'도 신설했습니다. 주휴수당 포함 최대 73만 원까지 받을 수 있어 안정적인 수입이 가능하다는 점이 특징으로, 어르신들에게 호평을 받았습니다.

도 자체 사업비를 들여 노인 일자리 전담기관인 시니어클럽을 기존 6개소에서 10개소로 확대하고, 신규 시장형 사업에 초기 투자비 3,000만 원을 지원하는 정책도 내놓아 어르신들의 창업을 지원한 것도 획기적이었습니다. 메주 만들기, 통발 제작, 농산물 공동생산, 손뜨개 등 어르신들에게 소일거리를 제공하는 경로당 공동작업장 역시 전년도 19개소에서 30개소로 대폭 확대하는 등 어르신들이 공공서비스를 제공하거나 공동체에 필요한 일을 하며 일정한 수입을 올릴 수 있도록 한 것입니다.

2024년에는 노인 일자리를 6만 4,000개까지 늘렸습니다. 5년 만에 2만 4,000개를 추가한 것입니다. 공공사업을 통해 전남 어르신들의 안정적인 노후에 기여하겠다는 김 지사의 의지가 강했기 때문에 가능한 일이었습니다. 활동비도 인상하고, 일자리도 공익

김영록 도지사가 2025년 5월 30일 도청 서재필실에서 열린 '노인 일자리 지원기관(시니어클럽) 소통 간담회'에서 참석자들과 노인 일자리 발전 방안에 대해 논의하고 있다.

활동형, 사회서비스형, 시장형, 취업알선형 등으로 다양하게 재편하는 등 고령자들의 요구를 반영하며 일자리의 질도 향상시켰습니다.

그가 전남도지사를 맡은 이후 전라남도의 재정은 크게 늘어났습니다. 2017년 전라남도는 2018년 정부 예산안에 5조 5,000억 원을 반영시켰는데, 8년 뒤인 2025년에는 2026년 정부 예산안에 무려 10조 42억 원을 포함시킨 것입니다. 전라남도가 제시한 기반시설 구축, 미래 산업 육성 등과 관련 신규 프로젝트들을 정부가 거의 그대로 받아들였기 때문입니다. 예산이 늘어난 만큼 도민들을 위한 복지 혜택도 함께 향상시켜 왔습니다. 노인 일자리 예산은 2018년 855억 원에 불과했으나 2025년 2,700억 원까지 늘어난 것이 대표적입니다.

온기 느껴지는 소외계층 정책…
직접 듣고 개선안 마련

민선 7기 출범 이후 지체장애인협회, 지역아동센터연합회, 지역자활센터, 자율관리어업공동체(어촌계), 노인일자리지원기관, 소상공인연합회, 대한노인회 전남연합회, 청년농업·어업인단체 등의 도청 출입이 잦아졌습니다. 그동안 소외됐던 이들의 목소리를 들어 도정에 반영하려는 김 지사의 의중이 작용했기 때문입니다. 이들 단체 가운데 전남도청을 처음 방문한 경우도 상당수입니다.

그는 항상 어려운 도민들의 곁에서 그들을 도울 방안을 찾는 데 주저하지 않았습니다. 조금이라도 도울 수 있는 근거가 있으면, 사업과 정책을 만들었고, 그렇지 않은 경우 법·제도를 제·개정해서라도 도정의 울타리 안으로 소외된 이웃들을 감싸 안기 위해 노력한 것입니다. 그의 정책에 온기가 느껴지는 것은 그러한 이유 때문입니다.

섬 주민이면
뱃삯은 단돈 천 원

김영록 전남도지사는 국회의원 시절부터 농어민, 장애인, 노인 등 취약계층을 위한 정책 구상에 언제나 진심이었습니다. 특히 완도 고금도에서 태어나 어린 시절을 보낸 그는 섬에 사는 주민들이 불편 없이 계속 살아갈 수 있도록 최선을 다했는데요. 오지에 사는 주민 역시 대한민국 국민의 한 사람으로, 공공서비스를 받을 자격이 있다는 것이 김 지사의 철학입니다.

정치인으로서 자신의 정책을 주도할 수 있게 된 그는 섬 주민들을 위해 갖가지 조치에 나서게 됩니다. 2008년 4월 제18대 국회의원 선거에서 무소속으로 당선돼 초선 국회의원이 된 김 지사는 자신의 지역구인 해남·진도·완도를 자주 찾아 주민들의 이야기를 듣고 정책을 만들었습니다. 2011년 여름에는 아예 500개에 이르는 농어촌 마을들을 찾아 마을회관에서 숙식하며, 대화하는

'희망민생투어'에 나섭니다.

오랜 숙원인
섬 주민 차량 운임 지원 대책 마련

김 지사가 진도군 조도에 갔을 때의 일입니다. 기독교 신자들을 만나 이야기를 나눌 일이 있었는데, 나이 드신 신도 중 한 분이 병원에 가기 위해 어쩔 수 없이 육지를 자주 찾는데 차량 운임이 너무 부담된다고 하소연하셨습니다. 어쩔 수 없이 배를 타야 하는 섬 주민들의 경우 운임의 절반 정도는 할인해줘야 한다는 주장도 덧붙였습니다. 이에 김 지사는 좋은 제안에 감사하다며 최선을 다해 보겠다고 답변했습니다.

국회로 돌아온 그는 준비 기간을 거쳐 가을 정기국회에서 '농어업인 삶의 질 개선에 관한 특별법' 개정안을 발의해 도서민 차량 운임의 근거 조항을 농림수산위원회와 본회의에서 통과시켰습니다. 하지만 소관 업무를 맡고 있는 국토해양위원회에서 관련 예산을 증액하지 못했고, 그러면서 시간이 흘러버렸습니다. 박근혜 정부가 들어서 해양수산부가 부활하고 농림수산위가 농림축산해양수산위원회로 확대됐고, 재선 국회의원이 된 김 지사가 간사를 맡게 됐습니다. 그는 곧바로 도서민의 차량 운임을 지원하는 해운법 개정안을 제출했는데, 2013년 7월 2일에서야 본회의를 통과하게 됩니다.

섬이 많은 전라남도에서 여객선은 중요한 교통수단이며, 섬 주민에게 여객선 운임은 비용 부담으로 작용한다. 사진은 여수 연안여객선 터미널.

김 지사는 이어 해양수산부 장관을 찾아가 기획재정부와 긴밀히 협조해 반드시 정부안에 관련 예산을 편성해 달라고 간곡히 부탁했습니다. 그는 외국의 사례도 덧붙여 설득했는데요. 당시 캐나다와 영국의 경우는 전체 차량에 대해 운임의 19~43%, 14~53%를 각각 지원하고 있으며, 스페인은 도서민 차량에 대하여 최대 60%까지, 호주 역시 도서민과 고령자에 대해 40~45%를 지원하고 있다는 것입니다.

2013년 8월 들어 김 지사는 기획재정부가 도서민 차량 운임 예산을 배정하기로 했는데, 지원율이 당초 기대했던 50%가 아니라 20%로 조정됐다는 소식을 접합니다. 실망했으나 예산을 일단 확보하는 것이 무엇보다 중요하다고 판단한 그는 2014년도 정부 예산안에 도서민 차량 운임 지원 예산을 포함시키는 데 주력했습니다. 이 과정에서 그는 정부 관계자와 수십 차례 회의를 열며 자신의 의견을 끝내 관철시켰습니다.

이렇게 해서 2014년 7월부터 섬 주민들은 차량 운임의 20%를 지원받게 돼 65억 원 정도의 수혜를 입게 됩니다. 민생 문제를 해결한 그는 큰 보람을 느꼈는데요. 2016년 2월에는 법률소비자연맹이 19대 국회의 의정활동을 평가해 김 지사를 '제19대 국회 종합 헌정대상' 수상자로 선정하기도 했습니다.

천원여객선으로
해상교통복지 새 지평을 열어

이후 2018년 7월 전남도지사에 취임한 그는 전남의 서남해안 유인도 257곳에서 거주하는 7만 5,000세대 15만여 명을 위한 대책 수립에 나섭니다. 먼저 육지와 섬, 섬과 섬을 연결하는 연륙·연도교를 서둘러 설치하는 한편 섬 주민들이 운임 부담 없이 자신들의 거주지를 오갈 수 있도록 정책을 제안합니다. 그것이 '천원여객선'입니다.

면밀한 준비와 시범 운영을 거쳐 2021년 8월 1일부터 이용객이 많은 932개 구간에 대해 천원요금제 적용에 나섰습니다. 시범 운영 전부터 김 지사는 직접 여객선 터미널을 찾아 발권 시스템을 점검하기도 했습니다. 이때만 해도 섬 주민의 경우 여객선 운임 8,340원 미만은 운임의 50%, 8,340원 이상~3만 원 이하는 5,000원, 3만 원 초과 ~ 5만 원 이하는 6,000원, 5만 원 초과 운임 구간은 7,000원을 부담하고 있었습니다.

전라남도는 우선 도내 1,320개의 여객선 운항 구간 중 운임 8,340원 미만인 932개 구간에 연간 지방비 23억 원을 들여 천원 요금제를 도입했는데요. 섬 주민 5만여 명이 혜택을 보게 됐습니다. 김 지사는 거문도, 홍도 등 8,340원 이상 388개 구간에 대해서도 국비 확보 등을 통해 2022년 전면 확대할 방침을 세우고 이를 추진했습니다.

김 지사는 2021년 하반기 예산 상황을 검토한 결과 '천원여객선'을 전 구간으로 확대해도 될 것으로 판단했습니다. 당초 계획보다 4개월 앞당겨 9월부터 가거도, 거문도 등 1,320개 모든 구간에 시행하기로 한 것입니다. 육지를 기준으로 가장 멀리 떨어진 목포-가거도(만재도), 여수-거문도 간을 이용하는 섬 주민도 천원단일요금제 혜택을 받게 됨에 따라 거리에 따라 발생하는 운임의 불균형을 해소하게 됐습니다.

여수 등 7개 시·군 166개 섬 주민이 병·의원 왕래, 문화생활, 학생 통학 등에 따른 교통비를 절감할 수 있게 됐습니다. 전라남도는 이용객 증가에 따른 선사 수익 개선으로 서비스 질과 안전성도 향상될 것으로 전망했습니다.

김 지사는 "섬이 인구소멸 위기에 직면해, 8월부터 '천원여객선'을 시범 도입했고, 2022년 전면 확대할 계획이었으나, 주민 호응이

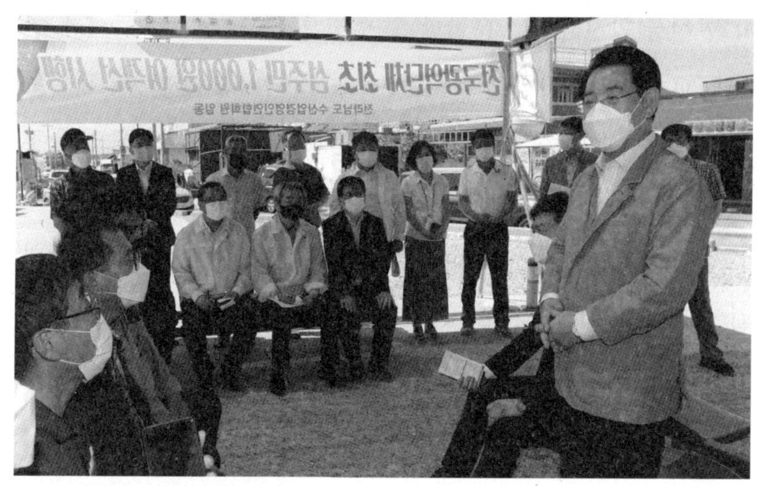

전국 지방자치단체 최초로 '천원여객선' 제도를 시행하며 김영록 도지사가 2021년 7월 30일 여수 신기항에서 정책 내용을 설명하고 있다.

높고 원거리 섬 주민의 건의를 적극 받아들여 9월로 앞당겨 시행하기로 했다"며 "앞으로도 섬을 지키고 살아가는 주민 삶의 질 향상을 위해 섬 관광 활성화와 정주 여건 개선정책을 지속해서 추진, 가고 싶고 살기 좋은 지역으로 만들겠다"고 약속했습니다.

'천원여객선' 정책은 섬 주민의 해상교통복지 대표 모델로 자리 잡았습니다. 143개 섬에서 연간 190만 명이 교통권을 보장받고, 생활비도 절감하게 됐습니다. 섬 주민이 최대 4만~5만 원까지 부담했던 여객선 운임을 천 원에 이용할 수 있게 됐기 때문입니다. 이외에도 김 지사는 해양교통 사각지대 해소와 정주 여건 개선을 위해 2024년부터 '소외 도서 항로 운영'과 '생활필수품 해상운송비'를 지원하도록 했습니다.

외딴섬 주민의 이동권을 보장하기 위해 연간 9개 항로에 주

91회 이상 안정적으로 운항할 수 있도록 하고, 섬 주민들에게 연간 LPG 95만 6,000통(20kg 기준), 유류 383만 5,000리터의 해상운송비를 지원해 주는 등 섬 주민 삶의 질 향상에 기여하고 있는 것입니다.

김 지사의 이 같은 일관된 정책은 어려운 여건에서도 자신의 거주지를 지키고 있는 섬 주민들에게 큰 보탬이 되고, 한편으로는 섬의 정주 여건을 향상시켜 유인도의 무인도화를 예방하는 등 국가적으로도 큰 도움이 되고 있습니다.

전국 모범 모델 소상공인 지원 프로그램을 만들다

2025년 7월 3일, 구례 오일장을 찾았습니다. 시장 상인들에게 전라남도가 시행하고 있는 다양한 소상공인 금융 지원정책을 설명하고, '금융 버스 가드림'을 통해 현장에서 소상공인에게 직접 대출 보증을 해주기 위해서입니다. 시장 상인들은 그 어느 때보다 가장 어려운 형편이라는 점을 호소했습니다. 시장을 찾는 사람들이 현저히 줄면서 하루 5만 원 매출도 어렵다며 하소연해 가슴이 아팠습니다.

대한민국의 급격한 변화 속에 경제적 약자에 대한 보호의 필요성은 그 어느 때보다 높아지고 있습니다. 수도권으로의 인구·자본·기업 등의 과도한 집중, 온라인 거래의 증가, 주거 및 유동인구의 급감 등으로 지방, 특히 농어촌의 소상공인, 중소기업 등의 어려움은 날로 가중되고 있습니다. 문을 닫는 점포가 늘어나고, 노

점이 사라지면서 시장 또는 시가지의 기능을 상실하는 읍면이 급
증하고 있습니다. 한 번 꺼져버린 지방의 상업 기능을 되살리는 것
은 불가능에 가깝기 때문에, 사전 처방이 무엇보다 시급하다고 하
겠습니다.

'금융 버스 가드림' 저금리 특례보증 등
소상공인 맞춤형 정책

전라남도는 농어촌 소상공인들이 더 낮은 금리로 필요한 자금
을 얻을 수 있도록 다양한 정책을 추진하고 있습니다. 그 대표적인
것이 2024년부터 시행하고 있는 '금융 버스 가드림'입니다. 이는 생
계를 잇기에도 바쁜 전통시장 상인과 금융 소외 지역 소상공인들
이 쉽게 현장에서 저리의 자금을 빌릴 수 있도록 하자는 취지에서
도입됐습니다. 버스 안에서 즉각 전남신용보증재단의 보증 및 대
출을 결정하기 때문에 금융기관에서 돈을 빌리기도 어렵고, 금융
기관을 직접 찾기도 어려운 소상공인들이 상당히 만족하고 있습
니다. 이 정책은 전라남도 도민평가단 최우수 시책, 행정안전부 지
역 금융협력모델 집중관리사업 우수 사례로 각각 선정되는 등 좋
은 평가를 받았습니다. 최근에는 타 지자체나 외부 기관들이 벤치
마킹에 나서고 있습니다.

2025년에는 전남신용보증재단이 '버스 이동 점포'를 자체 구입
해 월 1회에서 주 1~2회로 확대하면서 6월 말 현재 20차례 운영

하여 89억 원의 보증 상담을 진행했습니다. 이 정책 도입을 진두지휘한 김영록 전남도지사는 2025년 7월 3일 구례 오일장에서 금융 버스 가드림 일일 명예 지점장을 맡아 구례 지역 소상공인, 시장 상인들로부터 관련 정책에 대한 의견을 수렴했습니다. 박정선 전남소상공인연합회장, 한승주 전국상인연합회 전남지회장, 김동근 전남 소상공인연합회 상임부회장, 허명진 구례시장상인회장 등 20여 명이 간담회에 참석해 김 지사에게 다양한 의견을 제시했습니다.

대표적으로 지역사랑상품권, 온누리상품권 등이 실제 현장에서 전통시장과 골목상권을 위해 쓰이도록 세심한 정책 설계가 필요하다는 의견, 공공기관 종사자들의 임금 일부를 지역화폐나 지

김영록 도지사는 2025년 7월 3일 구례 오일장에서 금융 버스 가드림 일일 명예 지점장을 맡아 주민과 대화했다.

역사랑상품권으로 지급하자는 제안, 전남신용보증재단의 문턱을 더 낮춰야 한다는 주장, 중장년층 소상공인을 위한 맞춤형 정책 요청 등이 있었습니다. 이에 대해 김 지사는 "민선 7기 들어 전라남도가 선제적으로 소상공인·전통시장 상인을 대상으로 저금리 특례보증에 나섰고, 정부가 이에 따라 관련 정책을 수정했다"며 "경제적 약자를 위한 선진 금융정책을 선제적으로 시행하고 있으며, 앞으로도 여러분이 계속 장사하며 전남에서 오래 살 수 있도록 최선을 다하겠다"고 약속했습니다.

전라남도는 2020년부터 2년간 코로나19 피해 소상공인을 대상으로 특례보증을 실시한 바 있습니다. 100%를 보증해 2,000만 원까지 1년 거치 4년 분할상환을 조건으로 도내 1만 4,647개 업체에게 4,029억 원을 대출했습니다. 불경기가 계속되자 전라남도는 추가로 2023년까지 '희망플러스 특례보증'을 통해 똑같은 조건으로 1만 416개 업체에게 1,398억 원을 빌려주면서 소상공인들이 생업을 이어갈 수 있도록 뒷받침했습니다.

창업부터 경영, 재기 지원에 이르기까지 2025년 2,000억 원 지원

전라남도와 전남신용보증재단은 2025년에도 다양한 소상공인 시책을 내놔 전국 지자체의 모범이 되고 있습니다. 우선 소상공인 육성 자금으로 2,000억 원을 지원합니다. 창업자금 350억 원, 경

농어촌 지역 주거 및 유동인구가 감소하면서 전통시장과 시가지의 소상공인들의 경영난이 가중되고 있다. 사진은 구례 오일장 입구.

영안정자금 1,620억 원, 재기지원자금 30억 원 등으로 구분했습니다. 전라남도가 대출이자 3.0~3.5%를 지원해 주면서 소상공인들은 실제로 1.8~2.6%의 저리로 자금을 빌릴 수 있습니다. 지방소멸 위기 대응 특별보증도 실시했습니다. 전남신용보증재단 보증서 대출을 이용하고 있으면서, 개인신용평점이 355점 이상인 소상공인에게 500억 원을 개인당 3,000만 원 이내에서 지원했습니다. 산업통상자원부의 산업위기 선제대응 지역으로 지정된 여수에 300억 원 규모의 자금을 배정해 이 지역 소상공인들은 개인당 5,000만 원까지 대출을 받을 수 있게 됐습니다.

2025년 6월까지 소상공인 창업자금 350억 원 가운데 242억여 원(688명)이, 경영안정자금 1,620억 원 가운데 1,110억여 원

(2,573명)이, 재기지원자금 30억 원 가운데 16억여 원(65명)이 각각 소진됐습니다. 그만큼 전라남도 내 소상공인들의 경영난이 심각하다는 의미입니다. 지방소멸 위기대응 특례보증의 경우 1,384명이 320억여 원을, 산업위기 지역 지원 특례보증은 120명이 43억여 원을 각각 빌려 갔습니다.

김 지사는 이날 금융 버스 일일 명예 지점장으로 소상공인 3명을 상대로 일대일 금융 상담에 나섰으며, 이후 시장 상인들을 일일이 만나 고충을 들었습니다. 식당을 운영하는 한 상인은 "생업에 종사하느라 보증 상담을 받기 어려웠는데 이렇게 상담을 받게 돼 다행"이라며 "물가도 갈수록 치솟아 대출받기가 꺼려졌는데 소상공인 정책자금을 저금리로 이용할 수 있어 큰 힘이 된다"고 말했습니다. 전라남도는 2025년 들어 지역사랑상품권 3,500억 원을 도비로 조기 발행한 데 이어 정부 추경과 연계해 약 8,000억 원의 지역사랑상품권을 추가 발행해 민생경제 회복의 마중물로 삼을 방침입니다.

도내 대학생·졸업생의 해외 취업까지 도와주다

초등학생부터 대학원생, 졸업생에 이르기까지 지역 인적자원을 끝까지 지원하는 전라남도의 인재정책이 주목을 받고 있습니다. 이번에는 전라남도가 민선 7기부터 시행하고 있는 '전라남도 청년 해외 취업 지원사업'에 대해 알아보겠습니다. 이 사업은 지역 대학 재학생과 졸업생들이 해외 기업이나 국내 대기업의 해외 법인에 취직할 수 있도록 직무교육, 비자 지원, 항공료까지 지원해 주는 '채용연계형' 사업입니다.

2019년부터 김영록 전남도지사의 지시로 '인재육성 프로젝트'를 시작한 전라남도는 새싹인재(초·중·고등학교)부터 성장인재(중·고·대학교, 대학원), 글로벌인재(대학원) 등 연령·분야별로 지역 인재를 선정해 지원하고 있습니다. 어려운 경제 사정이나 교육시설이 충분하지 못한 전남의 여건을 극복하고 보다 나은 교육을 받아 대한민국을 넘어 세계의 인재로 성장할 수 있도록 하겠다는 김 지사의 의지가 반영된 사업입니다. 전남 출신이면 누구나 지원이 가능한데요. 특히 해외 유학비 지원이라는 특전으로 인해 글로벌 인재 분야는 매년 경쟁률이 높아지고 있습니다.

2019년부터 6년간 108명 지원 ···
63명 사업 종료 후 취업 성공

이에 더해 전라남도는 지역 대학 재학생부터 34세 미만 졸업생들까지 포함해 해외 기업 또는 국내 기업 해외 법인 취업을 지원하고 있습니다. 지역 대학 출신이라는 이유로 해외로 나아가는 데 어려움을 겪고 있는 청년들의 꿈을 지원한다는 취지입니다. 이들이 세계 곳곳에서 활약한 뒤 귀국, 지역 성장과 발전에 기여하도록 하겠다는 의미도 담겨 있습니다.

전라남도는 8월 29일까지 '청년 해외 취업 지원사업'에 지원할 만 34세 이하 전남에 주소를 둔 대학 재학생 및 졸업생 40명 이상을 공개 모집했습니다. 이 사업을 수행하는 목포대학교는 선발된 인원에게 일대일 영어 집중 교육과 직무교육, 비자 발급 지원, 기업 매칭, 항공료·해외보험료 등 초기 정착 비용을 지원합니다. 특히 2020년부터는 일대일 영어교육 외에 직무교육을 도입해 현장 투입하는 등 커리큘럼을 고도화했습니다.

전라남도는 해외 취업 성공률을 높이기 위해 단순한 파견 지원이 아니라 교육·훈련 전 과정을 체계화하고 있습니다. 우선 참가자의 희망 기업·전공·전문성을 사전에 조사해 맞춤형으로 일대일 기업 매칭을 하고, 이를 토대로 실무에서 바로 활용 가능한 능력을 배양할 수 있도록 할 예정입니다. 교육은 외국어 능력 강화와 직무 실습을 결합한 '이중 트랙'으로 운영되며, 일대일 영어 집중 코칭을 통해 클레임 대응, 제품 브리핑, 협상 등 현장 상황을 반복 훈련하고, 산업별 직무 실습을 진행해 실질적인 현장 대응력을 확보하도록 하고 있습니다.

또한, 해외 취업의 가장 큰 관문 중 하나인 비자 발급 과정도 세심히 지원하고 있습니다. 대사관 비자 인터뷰 시 필요한 어학 자격 요건을 충족할 수 있도록 별도 과정을 마련하고, 실제 인터뷰 상황을 재현한 모의 면접을 최소 2회 이상 실시해 학생들의 긴장감을 완화하고 실전 적응력을 높이고 있습니다. 이러한 단계별 맞

2023년 10월 목포대학교가 개최한 채용형 인턴(미국) 과정 오리엔테이션에 참여한 지역 대학 재학생 및 졸업생들.

춤형 지원은 청년들이 해외 현장에서 안정적으로 적응하고 경쟁력을 발휘할 수 있도록 돕는 핵심 기반이 되고 있으며, 나아가 성공적인 취업과 장기적 경력 형성으로 이어지도록 하는 데 중점을 두고 있습니다.

지난 2019년부터 최대 2억 8,000만 원을 사업비로 배정했던 전라남도는 2025년 3억 4,000만 원으로 증액하면서 연수 인원도 40명으로 대폭 늘렸습니다. 그만큼 재학생·졸업생들의 만족도가 높고, 사업의 효과도 컸기 때문입니다. 지난 2019년 12명을 시작으로 2020~2022년 24명, 2023년 30명 등 많은 청년이 해외 취업에 성공했고, 5년간 사업 종료 후 설문 응답자 85명 중 63명(74%)이 취업했습니다. 63명 가운데 27명은 국내, 36명은 해외에서 근무하고 있는 것으로 파악됐습니다.

이 사업을 맡고 있는 목포대학교는 프로그램 이수자가 교육 이후 즉시 해외 기업 실무에 투입되기 때문에 영어 테스트와 업무 능력을 중심으로 면접을 진행하고 있습니다. 트럼프 정부 이후 미국 비자 발급이 까다로워지면서 영어 일대일 교육 수준을 높이고, 집합 교육을 통해 교육 참가자들이 상호 부족한 점을 보완하도록 하는 등 프로그램 수준을 계속 향상해 오고 있습니다. 2025년부터는 취업 국가를 다변화하기 위해 IT 전문가 수요가 많아지고 있는 일본 취업 과정을 신설했으며, 지속적으로 연계 가능한 국가를 확대해 나갈 예정입니다.

미국 내 패션 브랜드인 '바이브런트(vibrant)'에 재직했던 목포대학교 졸업생 A 씨는 "미래에 대해 고민하고 있을 때 이 프로그램을 알게 됐고, 해외에서 전공 관련 실무 경험은 아무나 할 수 없는 값진 경험이 될 것이라는 확신이 들어 도전했다"며 "먼 타국에서 생활하며 스스로 문제를 해결해야 하고, 언어의 장벽에 막혀 답답하거나 외로운 순간도 있지만 이 과정 또한 아무나 경험할 수 없고, 이런 경험을 통해 성장하고 있다"고 말했습니다.

전남대학교 출신 B 씨는 "화장품 제조 및 연구 기업 '코스멕스 USA(Cosmax USA)'에 취업해 파운데이션에서부터 립 제품, 블러셔 등 각종 메이크업 제품을 만들고 있다"며 "저 자신을 한 단계 더 성장시킬 수 있는 계기가 되었고, 앞으로의 경력에 큰 도움이 될 것이라 확신한다"고 강조했다. "영어로 진행되는 개발 회의와 고객사 프레젠테이션을 거치며 실무 영어와 문제 해결력이 크게 향상됐다"며 "현장에서 축적한 데이터를 기반으로 차세대 클린 뷰티 과제를 주도하는 연구자가 되겠다"고 포부를 밝혔습니다.

전라남도는 사업 종료 후에도 최소 1년간 사후관리를 하며, 참가자들의 진로를 지속적으로 관리하고 있습니다. 재직자 멘토링 제도를 통해 현지 취업 선배들이 후배들을 상담·지도하고, 지역 기업 탐방 프로그램을 통해 해외에서 쌓은 경험이 지역에 환류되도록 구조를 강화하고 있습니다.

다만 아쉬운 점이 있다면, 이 사업을 통하여 세계와의 소통 능력, 현장 업무 능력 등을 갖춘 지역 인재들이 지역 내에서 일자리를 찾지 못하고 있다는 점입니다. 이들 인재를 채용할 수 있는 대기업이 거의 없기 때문인데요. 높은 연봉과 사내 복지 시스템을 가진 좋은 기업들이 전남으로 이전하거나 전남에서 성장할 수 있도록 정부의 노력과 지원이 무엇보다 절실하다고 할 수 있습니다.

국가균형발전을 위해 노력하고 있는 이재명 정부가 무엇보다 시급하게 추진하여야 할 사안은 대기업, 공기업 등 좋은 기업들이 수도권에서 지방, 특히 인구소멸 위기 지역으로 이전하도록 적극적으로 뒷받침하는 것입니다. 상속세나 법인세 등 세제 혜택만이 아니라 대규모 보조금, 직원에 대한 주택 제공 등을 파격적인 인센티브로 내밀며 전남으로 좋은 기업들이 향할 수 있도록 해야 비로소 전남 경제, 교육, 문화 등에 활기가 돌 것입니다.

이 프로그램을 6년 동안 맡아 관리하고 있는 목포대학교 윤소영 씨는 "자신감이 다소 떨어진 지역 대학 재학생·졸업생에게 해외 인턴 기회를 제공해 글로벌 경쟁 역량을 갖추도록 돕고 있다"며 "1년 간 인턴을 마치면 70% 정도가 상장기업, 대기업, 해외 기업에 취업하고 있으며, 지역 내에 좋은 기업들이 많다면 이들도 지역 내에 정착할 수 있을 것"이라고 전망했습니다.

전라남도는 도내 중소기업과의 연결 고리를 더욱 강화할 방침

2024년 전라남도 채용형 인턴(미국) 과정 직무교육에 참여한 지역 대학 재학생 및 졸업생들.

입니다. 해외에서 인턴십과 취업을 마친 청년들이 귀국 후 지역 기업에 취업할 수 있도록 도 일자리센터와 연계해 일대일 구직 상담을 지원하고, 이를 통해 해외 취업 경험이 단순히 개인의 성과에 그치지 않고, 지역 인재로 육성될 수 있도록 정책적 노력을 기울이고 있습니다.

전라남도의 청년 해외 취업 지원사업은 단순한 일자리 연계 프로그램을 넘어, 지역 청년들이 세계무대에서 경험을 쌓고 다시 돌아와 전남의 미래를 이끌어가는 장기적 전략사업으로 확고히 자리 잡고 있습니다. 전남의 청년들이 앞으로도 다양한 국가와 기업으로 진출할 수 있는 기회를 넓히고, 지역에 뿌리내릴 수 있도록 정책적 지원을 강화해 나간다면, 이 사업은 전남의 미래 인재육성에 있어 더욱 중요한 발판이 될 것입니다.

전남의 자원을 세심하게 살펴 산업화한 정책

PART 4

- 남해안을 세계적인 관광지로, 대한민국 새 성장 거점으로
- 전남 바다의 선물 '김', 산업의 토대를 닦다
- 전남의 바이오헬스 산업, 세계 경쟁력을 갖추다
- 아름다운 전남의 정원을 세계에 알리다

"김영록의 모든 정책에는 전라남도와 도민에 대한 진심 어린 사랑이 담겨 있다.
도민과 향우가 자신의 고향에 자긍심을 갖기를 바라고,
전남 발전과 도약을 위해 온 힘을 다해 전남도정을 이끌었다.
전남 천혜의 자원을 산업화해 지역 경제를 활성화하려는 시도 역시
이러한 그의 마음에서 시작됐다."

남해안을 세계적인 관광지로, 대한민국 새 성장 거점으로

완도 고금도에서 태어나 어린 시절을 보낸 김영록 전남도지사는 바다의 잠재력을 그 누구보다 잘 알고 있었습니다. 어민, 김, 수산업, 섬, 해양관광, 연도·연륙, 갯벌 등과 관련된 그의 다양한 정책들은 고향에서의 경험이 바탕이 되고 있습니다. 정책의 밑바닥에 깊은 애정, 즉 그 수혜자들이 잘됐으면 하는 바람이 스며 있다고 할 수 있습니다. 그는 수도권에서 가장 먼 곳에 자리한 남해안을 세계인이 와서 즐길 수 있는 관광지로 거듭나게 해야 한다고 생각했습니다.

전남만이 아니라 경남과 부산까지 벨트로 잇기 위해 전남 남해선(목포 임성-보성), 전라선(전북 익산-여수), 여수-남해 해저터널 등 철도, 도로 등의 기반시설 설치를 서둘렀습니다. 김 지사는 함께 인구소멸 위기에 처한 경북과의 협력 관계를 강화하는 한편 남해안 관광벨트를 완성하기 위해 부산시장, 경남지사를 수시로 만나 정책을 다듬고, 정부에 건의 및 요청했습니다. 수도권에 대응하기 위해, 불균형 발전을 시정하기 위해, 즉 지방의 광역자치단체 간 연대를 강화한 것입니다.

대한민국이 선진국 문턱을 넘어서고, 세계인이 우리의 문화·역사·자원·음식 등에 주목하면서 남해안의 발전 가능성은 그 어느 때보다 커지고 있는데요. 서남해안 곳곳에서 생산되는 재료로 만들어진 산해진미, 섬과 갯벌, 해안 등 세계적으로도 손색이 없는 경관, 고대부터 현대에 이르기까지 콘텐츠와 이야기를 담고 있는 공간은 대한민국에서 가장 매력적이라고 해도 과언이 아닙니다. 여기에 접근성과 편의성만 갖춘다면 남해안은 세계적인 관광지로 거듭날 수 있을 것이라고 김 지사는 확신했습니다.

그의 첫걸음은 2018년 12월 민선 7기 전남도지사로 취임한 지 6개월도 채 안 돼 경남지사, 부산시장 등과 '남해안 상생발전' 업무협약을 체결하면서 시작됐습니다. 김 지사는 오거돈 부산시장, 김경수 경남도지사 등을 광양으로 초청해 남해안 상생을 위한 방안

2018년 11월 30일, 김영록 도지사가 국회에서 이해찬 더불어민주당 대표를 만나 경전선(광주 송정-순천) 전철화, 무안국제공항 활주로 연장 등 전남의 핵심 사업에 대해 설명하고 국비 지원을 요청했다.

을 협의했는데요. 공동 협력 과제를 발굴해 세부 사업계획을 구체화하고, 중앙부처 등을 상대로 대정부 건의, 국가 계획 포함, 국비 반영 등을 위해 공동 대응하기로 했습니다. 이날 협약은 제7회 전국동시지방선거 민주당 후보였던 김 지사가 이들 두 단체장들과 이미 약속한 것이었습니다.

이날 단체장들은 남해안을 환황해 및 환태평양 경제권의 중심지로서의 위상을 제고하기 위해 여섯 가지 사안을 함께 추진하기로 했는데요. 이는 지금까지 꾸준히 조금씩 이뤄지고 있습니다. '남해안 광역경제벨트 구축과 한반도 신경제지도 반영 공동 협력', '경전선 고속화 사업 조속한 완료 등 교통 인프라 개선 공동 노력', '남해안 해안관광도로 건설로 새로운 관광콘텐츠 창출', '조선·해양산업의 활력 제고와 경쟁력 확보', '북방 물류 활성화를 위한 공동 투자 및 협력', '국가균형발전 및 지방분권을 위해 긴밀한 협력체계 구축' 등 입니다. 2022년 제8회 전국동시지방선거에서 부산시장·경남지사가 국민의힘 소속으로 바뀌면서 '남해안 연대'가 다소 느슨해질 위기가 왔지만, 김 지사는 더욱 자주 만나며, 단단히 묶어냈습니다.

민선 7기 출범 동시에
남해안 상생발전 협약 체결 후 속도

김 지사는 2019년 1월 새해 화두로 인재육성과 함께 남해안 관광벨트 조성을 꺼내 들었습니다. 시무식에서 그는 "전남이 국토의 끝이 아닌 세계의 중심 무대라는 생각으로 스스로의 역량을 키워 변화에 선도적으로 대응해야 한다"며 "세계 속 남해안 신해양 관광 시대에 발맞춰 부산·경남과 함께 하는 '남해안 신성장 관광벨트'를 국가의 새로운 중심 성장축으로 발전시켜 나가자"고 역설했습니다. 쇠락·낙후에 익숙했던 전남도청 공직자와 도민들에게 중심·선도·성장·발전을 이야기하며, 함께 '새로운 전남'을 만들어나갈 힘을 북돋운 것입니다.

김 지사는 '남해안 관광벨트'의 근간이 되는 것이 무엇보다 접근성이라고 봤습니다. 누구나 쉽게 남해안에 올 수 있게 하는 것이 급선무라고 판단한 것입니다. 2017년 5월 박근혜 대통령 탄핵 인용과 조기 대선으로 출범한 문재인 정부는 국가균형발전 차원

김영록 도지사는 문재인 정부 예비타당성조사 면제 사업으로 '남해안 관광벨트 1단계 사업'인 국도 77호선 단절 구간인 압해-화원, 화태-백야를 연결하는 사업을 신청했다.

에서 지역별로 경제성이 조금 떨어지더라도 꼭 필요한 숙원사업에 대해 예비타당성조사 면제를 결정했습니다. 전남은 '남해안 관광벨트 1단계 사업'과 '수산식품 수출단지 조성사업'을 신청했습니다. 여기서 남해안 관광벨트 1단계 사업은 국도 77호선(인천-서해안-남해안-부산)의 단절 구간인 신안 압해-해남 화원, 여수 화태-백야를 연결하는 사업을 말합니다. 전남이 가진 천혜의 섬과 해안선을 관광자원화하기 위해 접근성을 높이는 본격적인 움직임에 나선 것입니다. 전남은 2,165개(전국의 64%)의 섬과 6,873km(전국의 43.8%)의 해안선을 가지고 있습니다.

신안 압해와 해남 화원을 잇는 연륙·연도교 사업은 4,265억 원을 들여 신안-목포-해남을 총연장 13.4*km*의 해상교량 2개소, 해저터널 1개소로 연결하는 것을 골자로 합니다. 근대 역사의 중심 도시 목포, 영암·해남 관광레저형 기업도시(솔라시도), 신안 천사대교와 다이아몬드 제도 등을 연결하겠다는 것입니다. 여수 화태-백야 연륙·연도교 사업은 5,277억 원을 들여 여수 돌산읍 화태도, 화정면 월호도·개도·제도·백야도 5개 섬을 연결하는데 총연장 11.4*km*의 해상교량 4개소를 설치하는 것입니다. 이 사업으로 고흥과 여수 사이의 10개 섬을 11개 해상교량으로 잇는 '백리섬섬 길'이 만들어지는 것입니다.

김 지사는 2단계로 연안과 섬을 연결하고, 전남과 경남을 이어 남해안을 하나의 관광권역으로 통합하면서, 신안 하의도 단절 구간 등 국도 2호선(신안-부산)을 연결해 다이아몬드 제도를 완성하겠다는 포부를 밝히기도 했습니다. 또 완도에서 고흥, 여수를 거쳐 남해까지 해안관광도로를 건설해 남해안 연안을 '이순신 호국벨트'로 육성하고 목포·여수·순천을 융·복합 관광거점으로 발전시키겠다는 계획을 내놓았는데요. 남해안 주민들의 오랜 바람을 알고 있었기에 나올 수 있는 아이디어라고 할 수 있습니다.

연륙·연도교는 섬 관광 활성화와 함께 주민들 삶의 질 향상에도 큰 기여를 합니다. 배를 타야만 육지로 나올 수 있었던 불편이 해소되면서 병원 진료, 쇼핑 등 왕래를 자유롭게 할 수 있기 때문입니다. 김 지사는 수요는 있지만 예산 문제로 장기간 표류하고 있던 신안 장산도-자라도, 완도 소안도-구도, 여수 월호도-금오도, 진도 의신면-접도 4곳에 다리를 설치하기 위해 2022년 11월 해당시·군과 협의해 총사업비 5,280억 원의 절반씩 예산을 부담하기로 전격 합의했습니다. 섬 주민들의 불편을 해소하면서 인구가 급감하고 있는 섬에 활력을 불어넣기 위한 조치라고 볼 수 있습니다.

연륙·연도 등 접근성 향상 주력…
민선 8기 남부권 광역관광 주도

민선 8기 들어 김 지사는 더욱 업그레이드된 남해안 구상을 내놓았습니다. 취임식에서 '세계로 웅비하는 대도약! 전남 행복시대'라는 비전과 함께 8대 전략을 제시했습니다. 그중 하나가 '신해양 문화 관광 친환경 수도 전남'으로, 광주·전북·제주와 부산·울산·경남이 함께 수도권·충청권에 버금가는 '남해안 남부권 초광역 성장축'을 만들겠다는 구상을 내놓은 겁니다. 이어 전남과 광주·부산·울산·경남이 참여하는 초광역 관광 개발사업인 '남부권 광역관광 개발계획'을 주도하는데요. 야당 지사로 입장이 바뀌었지만, 그는 6,858억 원 규모에 불과했던 '남부권 관광개발 기본구상'을 3조 원 규모의 '남부권 광역관광 개발계획' 국정과제로 확대되도록 결정적인 역할을 했습니다.

'남부권 광역관광 개발계획'의 사업 기간과 예산은 2024년부터 2033년까지 10년간 3조 원으로 전남에 배정된 예산만 1조 4,000억 원에 달합니다. 그만큼 기반·편의시설이 상대적으로 미흡한 전남에 유리하게 계획을 수립했다는 것입니다. 여기에 김 지사는 지속 가능한 남해안 개발을 위해 정부에 '남해안종합개발청' 신설을 주장해 다른 시·도의 합의를 이끌어 내기도 했습니다. 국가가 직접 사회간접자본과 관광, 레저, 치유, 휴양, 수산 등을 총괄해야 한다는 것입니다.

2023년 말 행정안전부 제3차 수시 중앙투자심사에서 전라남도는 땅끝 수상복합공연장(사업비 456억 원) 등 1,332억 원 규모의 남부권 광역관광 개발사업 4개가 통과되는 등 신속하게 사업을 추진해 나갑니다. 2024년 9월 부산시장, 경남지사, 지역 국회의원, 시장·군수, 지역 대학 총장 등이 참석한 가운데 열린 남해안 미래 비전 포럼에서 김 지사는 '남해안권 발전 특별법' 제정을 주장했습니다. 지중해에 버금가는 무궁무진한 발전 가능성을 갖고 있는 남해안과 관련 문화체육관광부, 해양수산부, 국토교통부 등 부처별로 진행되고 있는 개발사업을 체계적이고 종합적으로 추진하기 위해 필수불가결하다고 판단했기 때문입니다. 이어 민선 8기 시작부터 계속 주장해 왔던 '남해안종합개발청' 설립도 시급하다고 강조했습니다.

하지만 이 같은 김 지사의 주장·건의·요청을 윤석열 정부는 대부분 외면했습니다. 남해안은 종합적이고 체계적으로 개발되고, 훌륭한 경관·문화 등은 유지·보존돼야 함에도 불구하고 여전히 무계획과 난개발 가능성에 노출돼 있는 것입니다. 무엇보다 '남부권 광역관광 개발계획'으로 전남의 기반·편의시설에 대한 대대적인 정비와 개선을 기대했지만, 실망감만 안겼다는 평가를 받았습니다.

3조 원 사업계획 더딘 속도…
남해안 특별법·개발청 주장

2025년 5월 이재명 정부가 출범하면서 김 지사는 다시 남해안 발전을 위한 행보에 나섰습니다. 9월 남해에서 경남도와 '전남·경남 상생협력 업무협약'을 체결하고, 우주항공 복합도시 건설 특별법 공동 추진, 남해안권 발전 특별법 공동 대응 등을 위해 노력하기로 했습니다. 공동 건의문 제출, 대국민 공감대 형성 활동 등을 협력하고, 남해안을 국가균형발전의 신성장축으로 육성하기 위한 공동 발전 전략과 핵심과제를 발굴·추진하기로 한 것입니다.

김 지사는 이 자리에서 "이재명 대통령께서도 '국가균형발전은 선택이 아닌 운명'이라고 강조하신 만큼, 전남과 경남이 함께 힘을 모아 남해안의 새로운 100년을 열어 가겠다"고 강조했습니다. 곧이어 10월 부산에서 열린 남해안 미래 비전 포럼에서도 그는 부산·경남과 함께 대한민국 새 성장축으로서의 남해안으로 도약시키기 위한 발전 전략과 제도적 해법을 모색했습니다.

그는 행정공무원 시절부터 국회의원·장관·전남도지사에 이르는 오랫동안 전남이 가진 바다의 잠재력을 깨닫고 이를 어떻게 성장과 발전으로 이끌 것인지를 고민해왔습니다. 현장을 찾아 이야기를 듣고, 아이디어를 냈으며, 전남도청 공직자들을 그 방향으로 이끌었습니다. 경남·부산 등과 연대하면서 힘을 키워 정부를 설득해 냈으며, 너무도 미흡한 전남 서남해안의 기반·편의시설을 대폭 보완하는 계기를 마련하기도 했습니다. 김 지사는 남해안은 유

2025년 10월 20일, 부산 벡스코에서 열린 남해안 미래 비전 포럼에서 발표하는 김영록 도지사.

라시아의 기점이자 태평양의 관문으로, 대한민국의 새로운 출발점이 될 것이라는 점을 항상 강조해 왔습니다. 그가 희망한 대로 남해안이 수도권에 비견할 정도로 성장·발전해 진정한 균형발전으로 대한민국이 새로운 100년을 열어가기를 기대해 봅니다.

전남 바다의 선물 '김', 산업의 토대를 닦다

전남의 김이 세계인의 사랑을 받고 있습니다. 서남해안 청정바다에서 늦은 가을에서 이른 봄까지 양식으로 길러지는 전남의 김은 고소한 맛과 바다의 향이 뛰어난 것으로 알려져 있는데요. 민선 7기 이후 전라남도는 좋은 종자를 개발해 양식 어가에 보급하고, 수요에 맞춰 생산량을 늘려왔으며, 유통·가공 등 부가가치를 높이기 위한 노력을 지속적으로 해왔던 것이 주효했다고 할 수 있습니다.

'검은 반도체'의 세계화에 나선 전라남도 …
2년 연속 1조 원 수출

김 산업은 품질·가격 경쟁력을 갖춘 상태에서 대표적인 K-푸

김영록 도지사는 2025년 6월 전남의 김 산업을 한 단계 도약시켰다는 공로를 인정받아 한국김산업연합회로부터 공로패를 받았다. 김 지사는 국립김산업진흥원 설립, K-GIM(김) 국가전략산업 클러스터 구축에도 힘을 쏟고 있다.

드로 부상했으며, 세계적인 수요가 급증하면서 국가 핵심 전략산업으로 떠올랐습니다. 2년 연속 1조 원 수출, 시장 규모 5조 원 돌파 등의 성과를 내고 있으며, 앞으로도 수산의 보고인 전남의 대표 주자로 자리매김할 것으로 예상됩니다. 지속 가능성과 미래 경쟁력을 감안하면, 앞으로 해결해야 할 과제도 상당합니다. 체계적인 종자 관리와 생산 시스템, 부가가치 향상을 위한 다양한 가공 상품 개발, 세계 누구나 접할 수 있는 유통 시스템 구축 및 마케팅 등이 대표적이라고 할 수 있습니다.

자연 상태의 김을 최초로 양식한 것도 전남입니다. 1992년 광양에 김 시식(始殖) 전시관이 개관했는데, 바로 김여익(1606~1660) 선생을 기리기 위한 시설입니다.《신증동국여지승람》에 따르면 광양·장흥·진도·강진·해남·고흥 등 11곳에서 김이 생산됐다고 하며, 1910년 조선총독부의 《조선수산지》에서는 광양의 5대 물산 중 하나가 해태, 즉 김으로, 전국에서 생산량이 가장 많았다고 기록하고 있습니다. 그만큼 김은 전남과 떼려야 뗄 수 없는 관계라고 할 수 있습니다. 전남의 물김 생산량은 전국의 80%를 상회하고 있으며, 최근 호황기를 맞으면서 지역 경제 활성화에도 크게 기여하고 있습니다.

김 산업이 이처럼 급성장하게 된 것은 민선 7기 이후 맛 좋고, 생육이 잘 되는 김 종자를 꾸준히 개발하고, 안정적인 물김 위판 시스템을 구축하며, 부가가치 향상을 위해 가공·유통 시설 지원 및 투자를 지속적으로 해온 덕분이라고 할 수 있습니다. 다만 김 산업의 발전을 위해 반드시 해결해야 하는 전제조건이 하나 남아 있습니다. 무기산(염산) 사용 문제입니다. 김 양식이 본격화된 지난 1980년대 이후 지금까지 어민들은 불법 무기산을 사용해 김 양식장에 생기는 파래, 매생이 등 이물질들을 제거해 왔습니다. 정부 당국은 무기산 사용에 대해 안전성 문제를 제기하며 강력하게 단속하면서, 한편으로는 안전성이 확보된 김 활성처리제 사용을 권장하고 나섰습니다.

김영록 전남도지사,
활성처리제 개발·국립김산업진흥원 설립 등 진두지휘

문제는 활성처리제의 효능이 낮다는 이유로 어민들이 여전히 무기산을 사용하고 있다는 것이죠. 이 때문에 한겨울 김 양식장에서는 단속반과 어민들의 쫓고 쫓기는 추격전이 비일비재하게 벌어지고 있습니다. 단속이 강화되면 물김 생산량이 급감하는 문제도 발생했습니다. 이를 해결하겠다고 나선 이가 김 지사입니다. 그는 완도 고금도 출신으로, 초·중학교 시절 방학 때마다 부모님을 도와 김 양식장 일을 해왔습니다. 그때까지만 해도 김에 붙어 있는 이물질을 일일이 손으로 직접 제거했기 때문에 매우 고된 일이었습니다. 고급 음식이었던 김은 이후 대규모 양식, 무기산 사용에 따른 품질 향상 등으로 대중화됐습니다.

김 지사가 김 산업의 문제점에 대해 새롭게 인식하게 된 것은 재선 국회의원이었던 지난 2015년 가을이었습니다. 해남·진도·완도를 지역구로 하고 있었던 그는 국회에서 열린 '2015년 김 산업 지속 발전 방안 워크숍'에 참석했습니다. 당시 김 수출 3억 달러 돌파가 예상되는 시점에서 김 지사는 김 수출 확대를 위한 지원 대책, 친환경적인 생산 확대, 수산업법 개정 등 김 산업 발전을 위한 방안을 제시했습니다. 이후 이어진 질의응답 시간에 김 양식 어민들은 불법 무기산 단속으로 생산성이 하락하고 사법 처분 사례 역시 급증하고 있다며, 이를 대체할 수 있는 좋은 활성처리제를 개발해 달라고 요청했습니다. 당시 정부가 권장한 활성처리제는 추가 비용이 상당한 데다 효과도 거의 없다는 주장도 덧붙였습니다.

이들의 이야기를 심각하게 들은 김 지사는 대책을 모색하겠다고 약속했으나, 2016년 제20대 국회의원 선거에서 낙선하면서 지킬 수 없게 돼버렸습니다. 이후 농림축산식품부 장관을 거

2025년 8월 13일, 국회에서 김 양식 어민들을 만난 김영록 도지사. 그는 2015년 어민들의 요청을 받고 10년 만에 모두가 만족할 수 있는 김 활성처리제를 내놨다.

쳐 2018년 민선 7기 전남도지사로 당선되고 그 약속을 떠올렸으며, 김 양식 어민 대표들과 수협 조합장 등의 의견을 수렴한 뒤 2019년 1월 전라남도 차원에서의 대책을 마련할 것을 관련 부서에 지시했습니다. 신규 김 활성처리제 개발용역 계획을 수립하고, 해양수산부에 국비 지원을 건의했으나 채택되지 못하는 등 굴곡도 있었습니다. 하지만 김 지사는 이를 뚝심 있게 밀고 나갔습니다. 제도 개선을 위한 유관 기관 간담회를 열어 공감대를 형성하고, 서울대학교에서 기존 김 활성처리제에 대한 현장 실험을 통해 문제점을 밝혀낸 것입니다.

2021년 12월 용역비를 5억 원에서 10억 원으로 높여 신규 김

활성처리제 개발용역을 변경하고 수협, 서울대학교 산학협력단 등
과 협약을 체결해 2024년 4월부터 본격적인 연구에 착수했습니
다. 재선 이후 관련 기관 간담회, 연구용역 보고회를 진행하면서
고흥, 완도, 진도, 신안 등에서 현장 적용 실험에 나서고, 국내 특
허 출원(2024년 6월)과 해외 특허 출원(2025년 1월)도 완료했습니다.

전라남도가 개발한 신규 김 활성처리제는 파래 및 요각류(橈脚
類) 제거에 있어 기존 제품이나 무기산보다 최대 3배에서 1.4배, 균
재발 억제에 있어 기존 제품보다 2배의 효과가 있는 것으로 분석
됐습니다. 무엇보다 비용 측면에서 기존 제품 대비 88% 저렴해 어
민들이 마음 놓고 사용할 수 있게 됐다는 점이 매력적입니다. 전라
남도는 지난 5월 최종 보고회에 이어 8월 13일 국회에서 성과 보
고회를 열고 신규 김 활성처리제의 우수성을 알렸습니다.

신규 김 활성처리제는 향후 해양수산부의 고시 개정, 지식재
산권의 산업체 기술 이전 등을 거쳐 양식장에 공급될 예정입니
다. 전라남도는 김 양식 어민들이 합법적이고 효능까지 좋은 활성
처리제를 사용할 수 있도록 국고 지원도 요청할 방침입니다. 김 지
사는 지난 6월 11일 한국김산업연합회로부터 "김 양식 어업인들의
40년 숙원 해결을 위해 신규 활성처리제를 개발하고, 김 산업의
도약과 글로벌 K-GIM(김) 위상 강화에 크게 기여했다"며 공로패
를 받았습니다. 한 정치인이 끈질긴 노력으로 전남 김 산업을 한
단계 도약시켰다는 점을 인정받은 것입니다.

김 지사는 이 밖에도 김에 대한 기초연구·가공·유통을 총괄
하는 국가 전담기관인 '국립김산업진흥원' 설립을 줄기차게 요구

진도군 의신면 앞바다의 김 양식장. 전라남도가 개발한 신규 김 활성처리제로 인해 겨울 김 양식장에서 무기산을 쓰던 어민과 단속반의 추격전도 이제는 사라지게 됐다.

해 2026년 예산에 용역비 10억 원을 반영시키는 등 전남 김 산업 성장의 기반을 만들기 위해 노력하고 있습니다. K-GIM국제수출 단지, 국제마른김거래소 플랫폼 구축, 해외 소비지 공동 물류센터 조성 등을 통해 K-GIM 국가 전략산업 클러스터를 구축하겠다는 비전도 내놓았습니다.

김 지사는 자신의 고향인 완도 고금도 김 양식장에서 일을 도우며 김의 성공 가능성을 확신했을 수도 있습니다. 아버지의 병환으로 가세가 기울면서 그는 중학교 1학년부터 고등학교 1학년까지 겨울방학이면 지주식 김 양식장에 나가 어머니와 함께 차가운 손을 불어 가며 김을 뜯었습니다. 당시 김은 대부분 일본으로 수출됐으며, 특등품은 고가의 선물로 분류될 정도로 인기가 있었는데요. 전남 청정 해역에서 생산된 고소한 김이 생산량과 품질만 유지한다면 세계인들이 즐겨 먹을 것이라는 예상은 누구나 할 수 있었을 것입니다.

그는 김 양식이 얼마나 어려운지 알았기 때문에 어민들을 돕는 일에도 적극적이었습니다. 2011년 여름 초선 국회의원으로 지역구인 해남·진도·완도 곳곳의 마을에서 잠을 자며 '민생 희망 투어'를 한 적이 있습니다. 그때 마른김협회 소속 업체 관계자들이 찾아와 한국전력이 산업용 요금을 적용하려고 한다고 하소연했는데요. 대부분 김을 양식하면서 영세하게 김을 말려 팔았던 어민들은 그동안 농사용 전기요금을 내왔습니다.

그런데 갑자기 두 배 이상 요금을 부과하면 업체들도 경영난에 시달리고, 소비자들도 가격이 올라 피해를 본다는 것이 이들의 주장이었습니다. 그는 국회에 돌아간 뒤 잊지 않고 한전과 정부 부처 관계자들을 불러 간담회를 진행했습니다. 하지만 한전은 9조 원에 이르는 적자와 마른 김 생산이 어업이 아니라 제조업에 해당한다는 점을 들어 불가피성을 강조했습니다. 별 소득이 없자 정기국회에서 대정부 질의를 신청해 농수산부 장관과 지식경제부 장관에게 강력하게 주장했습니다. 이에 한전은 논의가 끝날 때까지 일단 농사용 요금을 받겠다는 입장을 전해 왔습니다.

국회의원 시절 약속 지켜,
10년 만에 무기산 넘어서는 처리제 내놔

2012년 1월 다시 간담회를 열었으나 별 진전이 없었고, 결국 김 지사는 2012년 10월 해조류 자숙·건조의 개념을 어업의 범주에 포함하는 '수산업법 일부 개정 법률안'과 '농어업 농어촌 식품산업 기본법 일부 개정 법률안'을 대표 발의했습니다. 그리고 한전에는 국정감사 증인으로 사장을 채택하겠다는 뜻을 전했습니다. 결국, 이러한 김 지사의 노력으로 농사용 전기요금 적용에서 제외됐던 민간 산지 유통센터도 정부 인증서만 첨부하면 혜택을 받을 수 있게 됐으며, 마른 김 생산시설 역시 지속적으로 농사용 전기요금을 적용받게 됩니다. 2년이 넘는 김 지사의 노력 덕분에 당시 마른 김 업계는 연간 180억 원의 혜택을 보게 됐다며 감사의 뜻을 전하기도 했습니다.

김 지사는 취임 이후 지금까지 지속적으로 전남 천혜의 바다
에서 나온 김을 통해 김 양식 어민, 유통·가공업체는 물론 이를
먹는 세계인 모두가 행복할 수 있는 시스템을 고민하고 있습니다.
어렸을 때의 김 양식 경험을 바탕으로 김 산업의 가능성에 주목
하고, 어민들과 소비자의 입장에서 좋은 정책을 개발해 정부 부처
를 끝까지 설득해 추진하는 그의 집념은 미래 김 산업 발전의 근
간이 될 것입니다.

전남의 바이오헬스 산업, 세계 경쟁력을 갖추다

2025년 7월 11일 화순 능주고등학교에서 '전남 바이오 산업의 미래' 간담회가 열렸습니다. 전라남도와 김영록 전남도지사가 현장에서 직접 바이오 산업 관계자들을 대면하고, 관련 정책과 지원 방안, 미래 대응 등을 설명한 것은 이때가 처음입니다. 바이오 산업은 간략하게 설명하면, 생물과 생명에 관한 모든 산업을 말합니다.

'생명의 땅 전남'이라는 말처럼, 바이오 산업은 단연 전남이 경쟁력을 가진 산업이라고 할 수 있죠. 특히 전남 중부권에 자리한 화순은 지난 2010년 국내 유일 백신 산업특구로 지정되면서 백신·바이오의약품 핵심 기지로 성장하고 있습니다. 무엇보다 전국에서 유일하게 백신과 바이오의약품 연구개발부터 제품화·인력 양성까지에 이르는 신약 개발의 전 과정, 즉 전(全) 주기를 지원하는 시스템을 갖추고 있습니다. 화순에서의 이번 간담회는 그래서 큰 의미가 있었습니다. 더욱이 전남 바이오 미래 인재들의 요람인 능주고에서 열린 것이기 때문에 더 특별한 자리였습니다.

천혜의 자연자원 가득한 전남, 바이오·백신 경쟁력 높아

코로나19 팬데믹 이후 세계 바이오 시장은 계속 성장하고 있습니다. 2023년 기준 12조 5,381억 달러로, 반도체 시장(5,330억 달러)보다 무려 25배나 큽니다. 바이오 핵심 미래 기술을 선점하고 새로운 백신·의약품·건강제품 등을 확보하려는 경쟁은 날로 치열해지고 있으며, 특히 백신은 국가안보와 직결된 핵심 전략자산으로 부상하고 있습니다. EU는 2021년부터 백신 수출 승인제를 통해 백신을 전략물자로 다루고 있고, 미국 역시 생물보안법을 재추진하면서 첨단 바이오 산업 투자를 늘리고 있습니다. 이재명 정부의 국정기획위원회 역시 〈대한민국 진짜 성장을 위한 전략〉 보고서에서 바이오 헬스 산업을 글로벌 7위(현재 11위)까지 끌어올리겠다는 의지를 보였습니다. 앞으로 정부의 지원과 민간 투자 역시 확대될 가능성이 큽니다.

전남의 바이오 인프라에 대해서 자세히 살펴보겠습니다. 우선 바이오 산업 부문은 크게 레드 바이오(보건·의료·제약 분야), 그린 바이오(농업·식품 분야), 블루 바이오(해양생물 분야), 화이트 바이

'생명의 땅 전남'은 레드, 블루, 그린, 화이트 등 거의 모든 바이오 산업 부문의 기반과 자원을 갖고 있다. 김영록 도지사는 전남의 미래 핵심 전략산업인 바이오 산업의 현재를 살피고, 미래에 대응하기 위한 노력을 적극적으로 추진하고 있다.

오(에너지·소재 분야)의 네 가지로 나뉩니다. 레드 바이오 부문으로는 병원·연구기관·기업이 집적된 첨단 의약품 특화단지(백신·면역 치료), 메디컬·웰니스·관광 연계 시스템(치유·치료)이 있으며, 앞으로 들어설 전남 통합 국립 의대와 부속병원은 노화나 재생의학 등을 맡게 될 것입니다. 친환경 먹을거리, 다양한 의약품 원료 등 그린 바이오도 완벽하게 갖추고 있습니다.

전남은 해상풍력·태양광 등 신재생에너지 기반을 갖추고 있고, 기존 석유화학·철강 산업을 바이오매스 기반 저탄소 원료·소재를 확보하려는 노력을 통해 화이트 바이오 부문에서도 앞서나가고 있습니다. 또한, 미역·다시마 등 해조류, 전복 등 어패류의 대부분을 생산하고 있으며, 이를 토대로 다양한 건강식품을 연구개발하고 있는 전남이 블루 바이오 부문의 최강자라는 것은 누구도 부인할 수 없을 것입니다. 이렇듯 네 가지 바이오 부문에서 다른 지역과는 비교할 수 없는 절대적인 기반과 자원을 가진 곳은 세계 어디서도 찾을 수 없습니다.

20년 전부터 바이오 산업 육성…
민선 7·8기 고도화 나서

전남은 20년 전에 바이오 산업을 미래 핵심 산업으로 인식하고, 전폭적인 투자를 계속해 왔습니다. 그리고 민선 7·8기부터 이를 더 고도화하는 노력을 기울여 전남 바이오 산업 수준을 한 단계 높였다는 평가를 받고 있습니다. 2023년 광주와의 상생을 위해 인공지능, 의료 인프라, 의료기기 분야까지 결합한 '서남권 첨단 바이오헬스 복합단지' 유치에 나선 것이 그 첫 번째 변화입니다. 전남이 가진 기반과 자원에, 광주가 가진 미래 기술과 기업을 결합하는 것입니다. 전남 바이오 산업 전반을 이끌고 있는 전남바이오진흥원을 확대 개편하고, 삼성바이오로직스 부사장 출신으로 뉴욕주립대에서 기술경영학 석사 학위를 받은 바이오헬스 분야 최고 전문가인 윤호열 현 원장을 전격 영입했습니다. 그는 진흥원을 나주 빛가람혁신도시로 이전하고, 바이오 의약, 그린 바이오, 해양 바이오 등으로 조직을 개편하는 등 혁신에 나서고, 동시에

김영록 도지사가 2025년 7월 11일 화순 능주고를 찾아 '전남 바이오 산업의 미래'를 주제로 간담회를 가졌다. 바이오 관련 기업, 전문가, 전남바이오진흥원 직원, 미래 바이오 인재인 능주고 학생 등이 간담회에 참가했다.

뛰어난 전남의 여건을 국내외에 적극적으로 알리고 있습니다.

또한, 바이오 인력을 양성하고 기업을 지원하는 시스템도 완벽히 구축했습니다. 글로컬 대학, 라이즈(RISE) 사업과 연계해 매년 1,000명의 인력을 양성할 계획이며, 1조 원 규모의 전남미래혁신산업펀드 조성, 정부 연구개발 국비 1,955억 원 확보, K-바이오헬스 지역센터 지정(33억 원) 등을 통해 관련 기업의 창업부터 성장까지 지원할 수 있는 체계를 완성했습니다.

무엇보다 2024년 화순 백신특구 일원 73만 평이 '바이오 국가첨단전략산업 특화단지'로 지정돼 관련 기업을 유치할 수 있는 근간을 만들었고, 화순이 교육발전특구 시범 지역으로 선정되면서 능주고 등을 중심으로 바이오 백신 분야 지역 인재도 양성할 수 있게 됐습니다. 화순 백신 산업 특구는 화순 생물의약 산업단지를 중심으로 하는 '바이오 클러스터'와 화순 전남대학교병원 일원의 '메디컬 클러스터'를 축으로 운영되고 있습니다.

2024년 바이오 국가첨단전략산업 특화단지 지정 이끌어

바이오 클러스터 주요 기관으로는 생물의약연구센터, GC녹십자 화순공장, KTR 헬스케어연구소, KTR 동물대체임상센터, 미생물실증지원센터, 천연자원연구센터, 국가 백신안전기술지원센터가 있습니다. 메디컬 클러스터 주요 기관으로는 화순 전남대학교병원, 광주전남지역암센터, 화순 전남대학교병원 임상시험센터, 화순 전남대학교병원 의생명연구원, 화순 군립요양병원, 국가 면역치료혁신센터, 첨단정밀의료산업화지원센터 등이 운영되고 있습니다. 여기에 GC녹십자, 박셀바이오, 써모피셔 같은 기업 33곳도 자리하고 있습니다.

아쉬움이 없는 것은 아닙니다. 이렇게 좋은 여건을 가지고 있는 전남이건만 첨단의료복합단지 공모에서 수도권과의 거리, 정치 논리 등에 밀렸다는 점입니다. 전라남도는 오송, 대구·경북과 차별화되는 강소형 첨단의료복합단지의 추가 지정을 정부에 강력히 요청하고 있습니다. 1조 2,189억 원의 예산으로 전남에 백신·항

'전남 바이오산업의 미래'를 주제로 한 간담회 현장에서 김영록 도지사가 직접 산업 관계자, 미래 인재 등을 만나 전남의 정책과 미래 대응을 설명했다.

암·면역 중심의, 광주에 인공지능·디지털 융복합 의료기기 중심의 특화 산업을 육성하겠다는 복안입니다. 관련 대기업, 앵커기업이 미흡하다는 점도 걸림돌입니다. 이들 기업이 여전히 수도권에 집적해 있으며, 상대적으로 거리가 먼 전남으로의 이전에 난색을 표하고 있는 것입니다. 국가균형발전과 지방소멸 위기 극복을 위해 대기업, 앵커기업이 수도권에서 가장 먼 지역으로 이전할 수 있도록 정부가 보다 전향적이며 혁신적인 기업 인센티브를 직접 제공하는 방향을 검토할 필요가 있습니다.

바이오 산업에 깊은 관심을 갖고, 전라남도의 지원 대책을 마련하고 있는 김영록 전남도지사는 이날 간담회에서 "바이오는 전남의 핵심 전략산업으로, 화순을 세계적인 바이오 클러스터로 성장시킬 것"이라며 "전남·광주는 첨단 바이오헬스 복합단지 지정과 같은 정부의 강력한 정책적 지원이 있다면 미래 혁신을 이끌 글로벌 바이오 산업의 허브로 도약하게 될 것"이라고 강조했습니다. 이날 간담회에는 바이오헬스 관련 기업 관계자, 바이오진흥원 직원 및 관련 전문가, 바이오 미래 인재인 능주고 학생 등 200여 명이 참석해 김 지사와의 질의응답에 나섰는데요. 김 지사는 관련 기업에 대한 지원책을 직접 챙기겠다고 밝혔으며, 청년들이 전남의 좋은 기업에서 계속 일할 수 있도록 질 높은 주거·편의·문화시설 등을 서둘러 갖춰가겠다고 약속했습니다.

아름다운 전남의 정원을
세계에 알리다

김영록 전남도지사는 고향 전남을 자랑하고 싶습니다. 전남만이 가진 자원들이 전국은 물론 세계에 알려지고, 사람들이 찾아와 북적북적하며, 더 살기 좋은 지역이 됐으면 하는 바람이 가득합니다. 경관, 역사, 문화, 산해진미, 인심, 어느 것 하나 최고가 아닌 것이 없습니다. 수많은 자원 가운데에서도 그가 먼저 주목한 것은 전남의 정원이었습니다.

과거 부유층 전유물로 여겨졌지만, 소득 수준이 높아지고, 다양한 볼거리를 추구하는 사람들이 늘어나면서 정원이 대중화되고 있는 시점이었습니다. 평야와 골짜기 곳곳에 꽃과 나무를 아름답고 독특하게 조경하는 아기자기한 민간 정원들도 하나씩 생겨나고 있었습니다.

전남이 가진 자연과 도민의 노력이 깃든
정원 육성 나서

2018년 7월 민선 7기 전남도지사로 취임한 그는 2019년 2월 순천에서 첫 도민과의 대화를 마친 후 순천 국가 정원지원센터를 찾아 현장을 둘러봤습니다. 여기서 전남이 대한민국의 정원 문화를 이끌 것이며, 충분히 세계인들로부터 인정을 받을 만하다는 자신감을 얻었습니다. 이어서 김 지사는 담양에서 도민과의 대화를 가지면서 담양을 대한민국을 대표하는 생태정원 도시로 만들겠다고 다짐했습니다. 국립정원센터도 최종적으로 담양으로 유치되도록 역량을 집중하겠다는 뜻도 밝혔습니다.

2019년 2월 18일 민선 7기 첫 도민과의 대화를 마친 김영록 도지사가 곧이어 순천 국가정원지원센터를 방문했다.

2020년 1월에는 '2013 순천만국제정원박람회'의 성공 개최 성
과와 순천만국가정원 운영 성공을 발판으로 '2023 순천만국제정
원박람회' 유치에 나서겠다고 선언합니다. 김 지사는 "순천만정원
이 제1호 국가정원으로 지정되면서 해마다 500만 명 이상이 순천
을 방문, 대한민국 정원생태 수도가 됐다"며 "2023년 국제정원박
람회에서는 성숙한 전남 정원의 세계화로 동북아 정원 문화 산업
중심지로 도약하도록 하겠다"고 밝혔습니다. 이어 3월 정원박람회
유치에 성공한 전라남도와 순천시는 2023년 4월부터 6개월간, 순
천만 국가정원을 중심으로 최초로 연향동, 봉화산 등 도심 전역을
박람회장으로 삼기로 했습니다.

2020년 12월 김 지사는 자신이 약속한 '국립 한국정원문화원'
의 담양 유치에 성공했습니다. 국가사업 선정과 함께 2021년 정부
예산에 토지 매입 및 기본실시설계비로 국비를 반영시켰는데요.
국립 한국정원문화원은 총 196억 원을 들여 담양군 금성면 금성
리 대나무생태공원 내 7ha 부지에 건축면적 4,069㎡ 규모로 건립
돼 2025년 9월 문을 열었습니다. 문화원은 정원연구동과 교육실,
온실, 실습장, 전시정원 등으로 구성돼 정원 산업화 및 전문인력
양성의 기능을 담당하게 됩니다.

2020년 국립 한국정원문화원 담양 유치 성공…
김 지사 직접 담판

지방시설로 운영해야 한다는 정부 방침에 따라 사업 추진에 어려움을 겪자, 김 지사는 직접 2020년 11월 기획재정부 제2차관과 만나 담판을 지어 국가사업에 반영시켰습니다. 재정이 열악한 담양군이 운영비 부담 없이 국립 한국정원문화원과 죽녹원, 메타세쿼이아길 등 기존 자원을 활용해 생태관광 명소로 거듭나기를 바랐기 때문입니다.

곧이어 전라남도는 순천만국가정원에서 '제1회 대한민국 정원산업박람회'를 개최했는데요. 코로나19 팬데믹 상황에 맞춰 2021년 5월까지 온라인으로 진행하면서 2021년 5월 오프라인 행사도 함께 열었습니다. 온라인 행사지만, 국제정원심포지엄, e-정원산업전, 랜선정원투어 등을 통해 정원과 산업의 결합 가능성을 타진했다는 것에 의미가 있었다는 평가를 받았습니다.

2021년 2월 김 지사는 새로운 아이디어를 내놨습니다. 전남 동부권의 순천만국가정원, 서부권의 완도 국립난대수목원, 북부권의 담양 국립 한국정원문화원을 핵심축으로 해 14개의 민간 정원, 3개의 사립 수목원과 연계한 '전남 정원 네트워크'를 구축하겠다는 것이었는데요. 3개 권역 간 연계 관광 투어, 체험 프로그램 등 콘텐츠를 발굴, 도민들은 물론 관광객들이 이를 향유하게 해 지역에 활력을 불어넣겠다는 계획이었습니다. 정원 페스티벌 개최, 지역 거점 지방 정원 조성 등 15개 사업에 432억 원을 투자하기로 했습니다.

그는 코로나19 팬데믹에도 불구하고 10만 명 이상이 찾는 것은 물론 유명 드라마·영화의 촬영 장소로 각광을 받는 해남 포레스트수목원, 구례 쌍산재, 보성 윤제림(성림정원)에 주목했습니다. 인기를 얻고 있는 민간 정원과 공공시설을 연계해 시너지를 낼 수 있는 방안을 내놓은 것입니다. 가끔 시간을 쪼개 정원을 직접 찾아 구상하기도 했습니다. 2021년 8월 '제2회 전라남도 예쁜 정원 콘테스트' 공모에서 대상을 차지한 보성 '징광문화원'을 찾아 작은 정원을 힐링 공간이자 전남 대표 관광지로 조성하는 방안을 논의했습니다.

2018년 하반기 4개소 불과했던 민간 정원, 2025년 10월 31개소로 급증

같은 해 9월 전남도청 소재지인 남악신도시에서 '제1회 전라남도 정원 페스티벌'을 개최하며 작가 정원 8개소, 주민 참여 정원 15개소, 상가 정원 20개소 등 총 43개의 크고 작은 정원을 선보였습니다. 전남의 정원을 쉽게 가볼 수 없는 도민들에게 다양한 모델들을 경험하게 해 그 우수성을 실감하게 해준 것입니다.

순천시와 공동 주최하는 '2023 순천만국제정원박람회'에 대한 지원도 강화합니다. 전 국민과 세계인들이 찾을 박람회를 더욱 우수한 콘텐츠들로 보완하기 위함이었는데요. 전라남도가 박람회

2023년 3월 31일, 순천만국제정원박람회 개최 인사말을 하는 김영록 도지사.

지원을 위해 편성한 2023년 예산은 172억 원으로, 그동안 지원한 143억 원을 포함하면 모두 315억 원으로, 2013년 박람회 당시 지원 예산액(90억 원)보다 3.5배나 늘어난 규모입니다.

이러한 노력 덕분인지 '2023 순천만국제정원박람회'는 대박을 터뜨렸습니다. 7개월이라는 최장기간 국제행사에 관람객 980여만 명이 찾는 역대급 성과를 낸 것입니다. 폐막식에 참석한 김 지사는 "전라남도는 박람회 성공을 계기로 순천이 남해안 글로벌 해양 관광 벨트 허브 도시로 거듭나도록 온 힘을 다하겠다"며 "순천이 대한민국 정원 문화 산업 핵심 거점으로 도약하도록 더욱 노력하겠다"고 강조했습니다.

2024년 4월 그는 나주 금천면의 한국식 전통 정원인 죽설헌을 방문해 조성 현황을 듣고, 정원 관계자와 함께 숨어 있는 전남 정원의 우수성에 대해 얘기를 나눴습니다. 죽설헌은 나주 출신 박태후 동양화가가 지난 50년간 가꾼 개인 정원으로, 인공적 요소를 최소화하고 자연의 섭리에 따라 조성했는데요. 김 지사는 아름다운 정원과 숲이 만들어지기까지는 오랜 시간과 정성이 필요하다는 점을 강조하면서 40~50년 후 후대에 남길 수 있는 전남을 대표하는 자연 생태 정원을 만들기 위해 지금부터 준비해나가겠다는 뜻을 밝혔습니다.

2024년 10월 전국 민간 정원을 대상으로 산림청과 한국수목원정원관리원이 '대한민국 아름다운 민간 정원 30선'을 선정했는데, 이 가운데 3분의 1인 10곳이 전남의 민간 정원이었습니다. 전남에는 27개소, 전국적으로는 150개소의 민간 정원이 있는데요. '화순 바우정원', '고흥 힐링파크 쑥섬쑥섬', '해남 문가든', '구례 반야원', '구례 쌍산재', '고흥 하담정', '순천 화가의 정원산책', '보성 성림정원', '담양 죽화경', '구례 천개의 향나무숲' 등이 포함됐습니다.

국립정원문화원과 민간 정원 엮어
2027년 정원 비엔날레 계획

2025년 5월 전라남도는 전국 최초로 정원 관광코스 '남도 정원 산책'을 선보이는 등 본격적인 홍보에 나섰습니다. 남도 정원에 대한 관심과 명성이 높아지고 있는 가운데 정원 관광 시대를 선제

2025년 10월 8일, 전라남도 정원 페스티벌 개막식에 참석한 김영록 도지사.

적으로 열어가겠다는 취지였는데요. 전라남도와 전국 최초 정원 기관 '국립정원문화원'이 1년여간 답사를 통해 선정했습니다.

이러한 김 지사의 정원 육성 정책은 민선 7기 출범 전 4개소에 불과했던 민간 정원의 수를 2025년 10월 현재 31개소까지 늘리게 됩니다. 전남 곳곳에 들어선 민간 정원은 훌륭한 자원이 되면서 다양한 사업·프로젝트의 소재가 됐습니다. 2025년 8월 전라남도 는 전국 최초 정원의 공간적 경계를 넘는 정원 문화행사인 '2027 남도 정원 비엔날레' 개최를 결정하고 준비에 돌입했습니다. '정원 의 경계를 넘어서-시간과 공간의 향연 속으로'를 주제로 죽녹원· 국립정원문화원을 메인으로 하고 지방·민간 정원까지 확장해 행 사를 치르겠다는 것입니다.

국립정원문화원과 협업하고, '2027 전남국제수묵비엔날레'와 콜라보하는 등 남도의 풍부한 자연경관과 정원, 생태문화 콘텐츠를 결합해 전남 정원을 세계적인 브랜드로 구축하겠다는 전략을 세웠습니다. 2027년에는 전남의 생태적 특성과 정원 전통을 기반으로 한국형 정원의 매력을 선보이고, 2029년에는 국제행사로 확대 추진해 나간다는 구상도 내놓았습니다. 김 지사는 "정원의 본고장 전남이 중심이 돼 남도의 정원 문화가 대한민국을 넘어 세계 속 정원 문화 중심지로 도약하는 전환점이 되도록 하겠다"고 강조했습니다.

김 지사는 전남이 가진 특별한 자원을 집중적으로 육성하고, 이를 산업·프로젝트로 연계시켜 지역 경제에 활력을 불어넣으려 노력했습니다. 국가나 지자체만이 아니라 개개인이 장기간 정성을 들여 조성한 정원까지도 적극적으로 지원하면서 국립정원문화원을 유치해 내고, 그것을 기반으로 관광코스, 산업박람회, 비엔날레 등을 기획하는 등 주도면밀하게 움직였습니다. 정책 구상 단계부터 최종적으로 어떤 성과를 낼 수 있을지를 내다보면서 전략을 수립하고, 하나씩 실현해 가는 김 지사의 능력을 보여준 사례라고 할 수 있습니다.

PART 5

논리와 정당성을 따져 관철한 정책

- 무안국제공항을 국가 거점공항으로 만들 기반을 닦다
- 남해선(목포-보성) 개통, 전남 서남해안에 철도가 놓였다
- 느림보 철도 전라선을 30분 이상 앞당기다
- 여수·광양항의 세계 스마트 항만, 북극항로 거점으로 삼다

"김영록은 과거 전남도정이 놓쳤거나 회피한 문제들을 꺼내 들어
정부, 국회, 정치권 등을 상대로 공감대를 만들고 적극적으로 추진해 성과를 냈다.
도민들은 이러한 그의 혁신적인 노력에 높은 긍정 평가로 응답했다.
그는 민선 7기 43개월 중 30개월, 민선 8기 40개월 중 34개월간
전국 시·도지사 평가에서 1위에 올랐다. 이는 사상 유례가 없는 것으로,
앞으로도 이 기록은 깨지기 어려울 전망이다."

무안국제공항을 국가 거점공항으로 만들 기반을 닦다

2007년 11월 8일 개항한 무안국제공항은 국가 중요 기반시설이면서, 전남을 비롯한 국토 서남부의 관문 거점공항이자 해외와의 접점으로 지역 발전의 핵심 요소입니다. 무안군에 자리하고 있다고 해서 무안군의 전유물이라고 할 수 없다는 것입니다. 이 국제공항이 존재함으로써 지역민·기업 등은 장기간 이동에 필요한 시간·비용을 최소화하면서 해외를 드나들 수 있습니다. 또 국제공항으로 인해 항공 정비 산업, 관광객을 위한 숙박 및 편의시설 등의 입지도 가능해져 공항 주변의 신도시 개발도 할 수 있습니다. 따라서 국제공항의 규모를 키워 노선·이용객을 늘리고, 관련 기반·편의시설을 갖추는 것은 지역 경쟁력과 직결된다고 할 수 있습니다.

국제공항은 세계적인 도시·관광지로 성장하기 위한 필수조건으로, 인접 대도시에서 자동차 또는 전철로 1시간 내외에 자리하고 있습니다. 무안에 국제공항을 두기로 결정한 것은 35년 전인 1989년의 일입니다. 하지만 실질적인 건설 논의는 지지부진했으며, 1993년 7월 아시아나항공 추락 사고를 계기로 신공항 필요성이 다시 제기됐습니다. 김대중 정부 시절인 1999년 착공했는데, 3,056억 원의 공사비를 투입해 8년 만에 완공됐습니다. 2008년 5월 무안-광주고속도로가 개통되면서 광주공항의 국제선 노선이 이전했습니다.

국내선을 광주공항에 남겨두고, 군 공항 이전 논의도 없었다는 점은 당시 정부의 정책 실패였다고 할 수 있습니다. 이로 인해 광주·전남은 공항을 둘러싸고 사사건건 갈등을 겪게 되고, 공항 기능을 한 곳에 집약하지 못하면서 무안국제공항의 위상을 정립하지 못하게 됩니다.

2007년 개항 무안국제공항…
18년간 광주 민간·군 공항 이전 안 돼

광주는 시민 편의를 이유로 제주·김포로 향하는 광주공항 국내선을 유지하는 데 급급했으며, 이는 자연스럽게 무안군의 광주 군 공항 이전 반대 목소리가 커지는 원인으로 작용했습니다. 이에 김영록 전남도지사는 민선 7기 들어 광주와 무안을 설득해 광주의 군 공항 이전을 위해 전남이 노력하고, 이를 전제로 2021년까지 광주의 국내선을 무안국제공항으로 이전하기로 하는 협약을

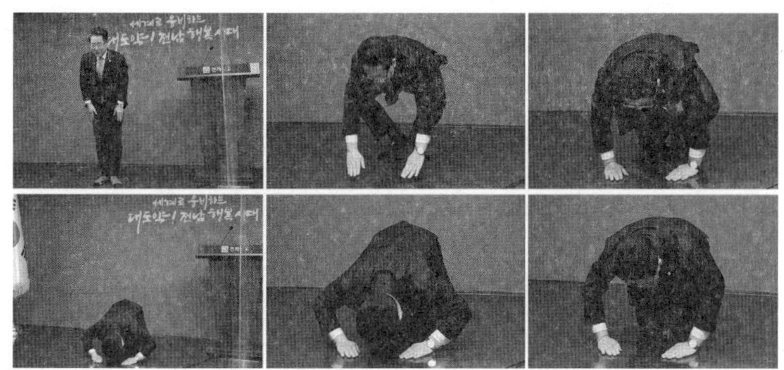

2023년 5월 15일, 무안국제공항 활성화를 위해 절박한 마음으로 도민들에게 큰절을 올리는 김영록 도지사.

체결하는 데 결정적인 역할을 하게 됩니다. 모두에게 좋은 결과를 도출할 것으로 예상됐지만, 광주가 2020년 12월 시민들의 반발을 이유로 이 협약을 파기하면서 문제는 복잡해집니다.

광주시가 협약을 파기하자 무안군은 이후 예산까지 투입해가며 광주의 군 공항 이전 반대 단체들을 지원했습니다. 군 공항 이전에 따른 부작용을 과장하면서 일방적으로 군 공항 이전 반대 여론을 형성한 것이죠. 광주는 무안이 국내선만 이전받고 군 공항을 거부할 것이라며, 무안은 광주가 군 공항만 넘기고 국내선은 유지하려 할 것이라며, 상호 불신하게 됩니다. 5년간 이러한 비방과 여론전이 계속되면서 무안국제공항 활성화는 뒷전으로 밀리게 됩니다.

전라남도의 중재 노력은 큰 효과를 내지 못했고, 광주 민간·군 공항 이전 이슈 또한 상호 공방만 반복되고 별다른 진전을 보지 못하고 있었습니다. 김 지사는 이러한 상황에서 무안국제공항

국제선 확보와 함께 활주로 연장을 비롯한 기반·편의시설 보완에 나서게 됩니다. 일단 국내선 없이 국제선으로만 무안국제공항을 운영하면서 유럽, 아메리카 등 중장거리 노선 운항까지 가능한 수준으로 공항을 업그레이드하겠다는 것입니다.

김 지사는 우선 지난 2010년 이후 꾸준히 정부에 요청했으나 무산됐던 무안국제공항 활주로 연장 사업을 2021년 국토교통부의 기본계획에 포함시켰습니다. 이 사업은 기존 활주로 2,800m를 3,160m로 360m 늘리는 것을 골자로 하고 있습니다. 2023년까지 326억 원을 확보했고, 2024년 75억 원을 추가로 반영해 현재 공사가 진행되고 있습니다. 2025년 10월 현재는 제주항공 추락 사고로 인해 폐쇄된 상태이지만, 2024년 상반기 중국, 일본, 동남아 등에 정기·비정기 노선을 확보해 이용객 20만 명을 넘어서기도 했습니다.

광주 민간·군 공항 통합 이전, 삼자대면 등 원칙 제시

김 지사는 민선 8기 들어 새롭게 바뀐 강기정 광주시장이 광주 군 공항 이전에 적극적인 자세를 보이면서 분위기가 바뀌자 반드시 지켜져야 할 원칙을 제시하며 무안과 광주 간 대화를 촉구하게 됩니다. 우선 광주 민간·군 공항을 무안국제공항으로 통합 이전해야 하며, 당사자인 광주·무안, 중재자인 전남의 3자 대화가

광주전투비행장 무안 이전 반대를 주장하는 무안군민들이 2023년 12월 13일 '도민과의 대화'를 위해 무안종합스포츠파크에 입장하고 있는 김영록 도지사를 막아서고 있다.

우선적으로 이뤄져야 한다는 것입니다. 여기에 광주시가 무안군민을 설득해야 한다는 점을 강조했습니다. 무안의 강도 높은 반대에 직면한 광주가 함평 등 다른 지자체로의 군 공항 이전을 시도하려는 태도를 보이거나 무안이 군 공항 소음 피해를 과장되게 홍보하는 것에 대해 문제점을 지적하는 등 협상 테이블을 유지하기 위해 최선을 다한 것입니다.

한편으로 김 지사는 무안군에 더욱 적극적으로 다가섭니다. 2023년 12월 무안군에서 열리는 도민과의 대화를 일부 무안군민들이 막아설 것이라고 예상됐음에도 불구하고 예정대로 강행했습니다. 과격한 일부 주민들이 무안종합스포츠파크로 입장하는 그를 막아섰지만, 주변의 도움을 받아 들어가 무사히 행사를 마쳤습니다. 이후 김 지사는 "(민간·군 공항 통합 이전에) 반대하는 단체에서 도민과의 대화에서 군 공항에 대해 얘기하지 않으면 들여보내 주겠다고 해, 별도의 공개토론을 개최하고 소통의 기회를 갖자고 했지만 서로 의견이 달라 협의가 안 됐다"며 "일하는 과정에서 소통과 대화가 꼭 필요하다"고 담담히 말했습니다.

그는 곧바로 무안군의 발전 방안을 수립해 제시했습니다. 무안군을 '세계를 잇는 서남권 관문(게이트웨이), 인구 20만 스마트 공항 도시'로 육성하기 위해 3조 원 규모의 초대형 계획 '무안 미래 지역 발전 비전'을 발표한 것입니다. 무안국제공항을 중심으로 미래 산업과 기반시설이 함께 발전하는 글로벌 허브 도시를 만들기 위한 미래 신산업, 첨단 농산업, 해양관광, 사회간접자본 등 6대 비전 21개 계획이 담겨 있었습니다. 여기에 공항 이전 문제와 무안군 미래 발전을 위한 공식 의견 수렴 기구로 '(가칭)무안발전공론화위원회'를 만드는 데 무안군과 힘을 모으겠다는 구체적인 방안도 제시했습니다.

이와 함께 무안군의 반대에도 불구하고 전라남도는 무안군민에게 군 공항 소음과 관련 올바른 정보를 전하고 이해와 공감을 구하기 위해 언론·대중교통·인터넷 포털 등 다양한 매체를 통해 정보를 지속적으로 알렸습니다. 2024년 5월에는 광주·전남 공직자들이 함께 무안읍 전통시장을 찾아 '광주 민간·군 공항 통합 이전' 관련 정확한 정보 제공을 위해 캠페인을 펼치기도 했습니다. 이 자리에서 광주공항 통합 이전 필요성, 소음 영향 지도, 소음 피해 대책 및 경제적 파급효과 등이 수록된 전단을 주민들에게 배부

했습니다.

2023년 12월 강기정 광주시장과 만나 회담을 가진 김 지사가 광주 민간·군 공항의 무안 이전에 뜻을 같이한 뒤 양 지역의 장기적 발전을 위해 공동으로 노력하기로 합의했기 때문입니다. 무안 군민의 공감대 형성을 위해 운남·망운 지역민과의 주민간담회, 다양한 매체를 활용한 홍보 활동, 국회의원 당선자 면담, 소음 대책 마련 토론회 개최 등 다각적인 노력을 기울였습니다. 2024년 4월에는 인접 6개 시·군과 '무안국제공항 활성화 협의체'를 구성하는 등 무안국제공항을 통해 지역이 어떻게 발전해야 하는지 의견을 수렴하는 등 뜻을 하나로 모으는 데도 주력했습니다.

이러한 노력에도 불구하고 무안군의 반대는 계속됐지만, 군민들의 생각은 조금씩 바뀌기 시작했습니다. 여론도 전라남도의 이러한 꾸준한 대처에 광주 민간·군 공항 통합 이전을 당연한 방안으로 받아들이기 시작했습니다. 오랜 과정을 거쳐 2025년 6월 출범한 이재명 정부가 이 문제를 반드시 해결해야 할 지역 현안으로 받아들였습니다. 6월 25일 타운 홀 미팅에서 이 대통령은 "광주 민간·군 공항 통합 이전을 국가가 책임지고 추진하겠다"고 천명한 것입니다.

군 공항이라는 국가 필수시설을 이전하는데, 이전 대상지에 대해 더욱 분명한 지역 발전 정책을 보장하고, 기존 부지는 좀 더 계획적으로 개발할 수 있는 계기가 마련된 것으로 볼 수 있습니다. 이제 정부가 이 난제 해결에 나설 경우 반대 목소리만 들어왔던 무안군의 행정도 변화할 것으로 예상됩니다. 김 지사는 이재명 대통령 후보 시절부터 꾸준히 광주 민간·군 공항 문제 해결을 건의했고, 새 정부 국정과제에 반영돼 국가 차원의 문제 해결을 위한 초석을 다졌다는 평가를 받습니다.

이재명 대통령,
"통합 이전, 국가가 책임지고 추진" 약속

이재명 대통령의 약속 이후 무안군민들의 생각도 크게 바뀌고 있습니다. 2025년 9월 한 여론조사기관이 실시한 광주 민간·군 공항 통합 이전 여론조사 결과, 무안군민의 절반이 넘는 53.3%가 찬성한다고 응답한 것입니다. 만 18세 이상 무안군민 810명을 대상으로 진행한 이번 조사에서 찬성이 처음으로 절반을 넘었으며, 이는 통합 이전 논의의 분수령이자, 지역 발전의 새로운 동력이 될 전망입니다.

찬성 이유로는 무안국제공항 활성화 기대(44.1%), 경제적 보상 및 지원(28.2%), 인구 증가 기대(17.3%) 등이 꼽혔습니다. 통합 이전의 우선 지원 과제로는 산업단지 등 지역 발전 사업(31.1%), 경제적 보상 및 소득 사업(29.2%), 국가 공공기관 이전(16.2%), 교통망 확충(14.7%) 등이 주로 선택됐습니다. 김 지사는 이와 관련 "대통령이 직접 국가 주도 해법을 제시해 지역 여론의 반전을 이끌어 주신 만큼 전라남도가 광주·무안 간의 중재자 역할을 넘어 문제 해결의 페이스메이커가 돼 6자 TF 논의가 원활하게 추진되도록 노력하겠다"고 다짐하기도 했습니다.

이 같은 김 지사와 전라남도의 노력으로 2025년 11월 19일 김영록 전남도지사, 김용범 대통령실 정책실장, 강기정 광주광역시장, 김산 무안군수 등이 전격 4자 회담을 가졌습니다. 이 회담에서는 무안군이 요구한 1조 원 중 3,000억 원은 정부가 부담하고 나머지 1,500억 원은 광주, 5,500억 원은 종전 부지를 매각해 충당하는 구체적인 방안이 논의됐습니다.

특히 광주는 호남고속철도 2단계(광주 송정-목포) 개통에 맞춰 민간 공항을 무안공항으로 먼저 이전·통합하기로 한 것으로 알려졌습니다. 이후 전라남도, 광주시, 무안군, 국방부, 국토교통부, 기획재정부 등이 참여하는 6자 TF에서 후속 논의를 몇 차례 한다면 조만간 광주·전남의 이 오랜 난제는 해결될 것으로 보입니다.

김 지사는 전남은 물론 호남 전체 발전에 있어 무안국제공항 활성화가 필수라고 보고, 당사자인 광주와 무안에 광주 민간·군 공항 통합 이전이라는 원칙과 기준을 제시했으며, 이를 모두가 받아들일 수 있도록 총력전을 펼쳤습니다. 그동안 가로막혀 있던 활주로 연장 등의 사업을 정부 예산에 반영하는 것은 물론 해외 노선을 적극적으로 유치하는 자구노력도 함께 선보였습니다. 이러한 그의 노력을 이재명 정부도 인정하고, 무안국제공항을 살리고 무안과 전남·광주의 미래 성장 동력을 만들 황금 같은 기회를 제시한 것입니다.

남해선(목포-보성) 개통, 전남 서남해안에 철도가 놓였다

2025년 7월 10일에는 9월부터 운행에 들어갈 '전남 남해선(목포-보성) 개통 대비 사전 점검 현장'을 다녀왔습니다. 남해선이라는 명칭이 붙은 이 노선은 전남이 새로운 전성시대를 열어간다는 이정표와도 같은, 굉장한 의미를 지닌 기반시설입니다. 2003년부터 시작해 무려 23년의 시간이 걸려 완공됐으며, 82.6km 연장에 모두 1조 6,459억 원의 예산이 투입됐습니다. 이 노선은 목포에서 출발해 지금까지 철도가 다닌 적이 없는 전남의 '기차 불모지'인 영암-해남-강진-장흥을 거쳐 보성을 종착역으로 합니다. 이 노선으로 인해 비로소 호남선(서울-목포), 경전선(광주 송정-경남 삼랑진), 전라선(익산-여수) 등이 하나로 연결되는 것입니다. 1899년 10월 경인선(서울-인천), 1905년 1월 경부선(서울-부산)이 각각 개통하면서 시작된 한반도의 철도 역사에서, 전남은 항상 소외되고 뒤처졌습니다. 그에 따라 전남인, 더 나아가 호남인들은 그에 따라 큰 불편을 감수해야만 했습니다. 116년 만에야 국가가 전남에 제대로 된 철도 서비스를 실시하기 시작한 것이라고 할 수 있겠습니다.

철도 혜택 받지 못한
영암-해남-강진-장흥 거쳐 보성과 연결

남해선은 목포에서 보성까지를 시속 200km로 1시간 3분에 주파합니다. 중간에 영암-해남-장흥-강진을 거치는데, 자동차와 비슷한 소요시간입니다. 다만 철도가 지나게 되면서 수도권·영남권에서의 접근성이 크게 높아지는 것은 물론 택시·버스 등과 연계되면서 서남해안을 찾는 관광객들이 자동차 없이도 편하게 유명 관광지와 맛있는 식당을 방문할 수 있게 될 전망입니다. 새로운 전남의 관광 시대가 열리는 겁니다.

전남의 이 새로운 노선을 이야기하는 데 있어 반드시 거론해야 할 정치인이 있습니다. 그는 좌초될 위기에 처한 남해선(목포-보성)을 끈질긴 설득 끝에 살려내고, 예산 확보는 물론 집행에 이르기까지 모든 과정에 함께해 왔습니다. 바로 민선 8기 전라남도를 이끌고 있는 김영록 전남도지사입니다.

이 사업이 처음 거론된 것은 1998년입니다. 12월 남해안 관광벨트 개발계획을 위한 기반 조성, 철도 혜택을 보지 못한 전남 서남부권 주민들의 삶의 질 향상 등을 위해 정부가 타당성 조사에

김영록 도지사가 2025년 7월 10일, 전남 남해선(목포-보성) 개통 대비 사전 점검을 마치고, 신보성역에서 시승 소감을 말하기 전에 포즈를 취하고 있다. 그는 행정부지사, 국회의원, 전남도지사 등을 지내며 남해선에 큰 애착을 갖고 적극 추진했었다.

나선 것입니다. 당시 경제성 분석 결과 복선이 아닌 단선 기준으로 1.04가 나오면서 2년 뒤 기본계획이 수립됐고, 드디어 2003년 12월 첫 삽을 떴습니다.

하지만 3년여 만인 2007년 4월 갑자기 사업이 중단됐습니다. 당시 공사비(1조 3,080억 원)의 고작 5.8%인 756억 원이 투입돼 무안군 일로읍에 터널(1,204m) 1개, 영산강에 교각 8개를 세워놓은 상태였습니다. 정부가 예산이 없다는 이유를 댔고, 여기에 2009년 감사원이 이 노선에 대해 타당성 재검증을 거쳐 사업 여부를 확정하라고 권고하면서 사업 자체가 사라질 상황에 처한 것입니다. 정부는 2007년과 2008년 현장 관리비 2억 원만 배정하는 어처구니 없는 태도를 보였습니다.

2006년 6월부터 2008년 1월까지 제33대 행정부지사를 지냈던 김 지사는 "어떻게 시작된 사업인데, 이를 중단한다는 것인가"라며 "이는 호남에 대한 분명한 차별"이라고 강력히 대처했습니다. 국토해양부, 전남 지역 국회의원들, 지역 언론 등을 찾아다니며, 이 사업의 필요성을 역설했습니다. 2008년 제18대 국회의원 선거에서 해남·진도·완도 선거구에 출마, 무소속으로 당선된 그는 국토해양부와 청와대에 강력히 건의해, 2011년 1월 이 구간을 '국가기간교통망계획 2차 수정계획'에 포함시켰습니다. 이어 진행된 간이 타당성 재조사 심의과정을 통과했는데, 김 지사는 전철화를 주장하며 기존 설계속도(150km/h)에서 200km/h로 변경하도록 노력을 기울였습니다.

82.6km 구간 시속 200km 달려
경전선으로 부산까지 이어져

2018년 7월 제38대 전라남도지사에 취임한 그는 남해선(목포-보성 구간) 사업을 각별히 챙기며 시대의 흐름에 따라 디젤이 아닌 전철이 다닐 수 있도록 계획 변경을 서둘렀고, 그 덕분에 2019년 11월 정부가 이를 수용했습니다. 순조롭게 사업이 진행되는가 싶었지만, 정부가 제때 예산을 지원하지 않았으며, 이로 인해 완공 시기는 계속 늦춰졌습니다. 처음 2022년에서, 2023년 12월로, 다

좌절될 위기에 처한 남해선(목포-보성) 사업을 살려내 완공까지 책임을 다한 김영록 도지사를 비롯한 김태균 전남도의회 의장 등 시승 점검 참가자들이 착공 23년 만의 개통을 축하하며 만세를 부르고 있다.

시 2024년 12월로, 세 번의 연기 끝에 2025년 9월 27일 영암·해남·장흥·강진에서도 기차를 탈 수 있게 된 것입니다. 무려 공사 착공 23년 만입니다.

아쉬운 것이 없지는 않습니다. 가장 먼저 호남고속선과의 연결선이 없어 이 노선 승객은 목포역에서 환승을 해야 한다는 점입니다. 2020년 12월 이에 대해 연결선 부설이 검토됐지만 예산 등의 문제로 무산되었기 때문입니다. 이와 함께 영암·해남·장흥·강진 등의 역사가 읍내와 가까운 곳이 아니라 상대적으로 외진 곳에 설치됐다는 점도 아쉽습니다. 이 역시 예산 문제가 작용했습니다. 또 보통역인 임성리역, 강진역, 신보성역에는 직원들이 상주하지만, 나머지는 직원이 없는 간이역으로 운영됩니다.

전철이 다닐 수 있는 곳인데, 무궁화호가 운행될 수 있다는 문제점도 지적됩니다. 전라남도는 최고 시속 268km의 'KTX-이음'을 운행해 노선 이용객들의 편의성을 높이겠다는 방침입니다만, 이는 한국철도공사와의 협의가 필요한 사항입니다. 경전선 보성-순천 구간의 도심 내를 지하화하기로 결정하면서 경전선과 완전히 이어지지 못하는 부분도 아쉬움으로 남습니다. 순천 도심 구간은 지하로 연결하는 데 7,000억 원의 예산이 추가로 투입되고 경전선 전철화 사업의 완공 시점 역시 2년 정도 미뤄질 것으로 보입니다.

이러한 여러 미흡한 부분에도 불구하고, 남해선(목포-보성)은 일제가 중국 침략과 강제 수탈을 위해 구축해 놓은 종축(남북) 중심의 철도 노선에 횡축(동서)을 보완한다는 측면의 의미도 있습니다. 수도권으로의 집중, 영남과 호남의 개발 격차 등의 원인이 되었던 우리나라 철도 시스템의 변화도 예상해 봅니다. 기차를 타고 한반도를 순환하고, 유라시아 대륙 철도를 통해 유럽 끝까지 갈 수 있는 시대에도 대응할 수 있습니다.

2025년 7월 10일, 벅찬 마음으로 남해선(목포-보성) 개통 대비 시승 점검에 참여한 김 지사는 "얼마나 많은 시간이 걸렸으며, 사업 중단 위기까지 겪으며 얼마나 어렵게 여기까지 왔는가"라고 반문하며 "국회의원 시절부터 이 노선 문제로 많이 싸워왔는데, 완공한다고 하니 너무도 감격스럽다"고 말했습니다. 이어 "이 노선이

최고 시속 268km의 'KTX-이음'.

전남 서남해안 주민들의 삶의 질 향상의, 그리고 전남 발전의 기폭
제가 되기를 바란다"고 덧붙였습니다. 이날 시승 점검에는 김 지사
와 함께 김태균 전남도의회 의장, 황경미 국가철도공단 궤도토목
부장, 박신 한국철도공사 광주본부 안전보건처장 등이 함께했습
니다. 이 감격의 남해선은 2025년 9월 27일 개통돼 운영에 들어갔
습니다.

느림보 철도 전라선을
30분 이상 앞당기다

호남 지역 철도의 양축은 호남선과 전라선입니다. 일제가 대륙 침략 목적으로 1901년 8월부터 서둘러 경부선을 놓아 1905년 1월 개통했으며, 강제 수탈을 위해 강제합병 이후인 1911년 3월 경부선의 지선 형태로 착공한 호남선은 1914년 1월 영업을 시작했습니다. 일제의 목적과 그에 따라 준공 시점·노선 등이 결정됐고, 이는 대한민국 불균형 발전의 근간이 됐습니다.

여전히 기대 못 미치는
호남선·전라선·경전선 철도 서비스

호남선은 호남 서남해안을 남북으로 관통하는데, 전라선은 전북 익산과 전남 여수, 즉 호남의 중앙을 내달립니다. 1914년 5월 착공해 1937년 3월부터 사람과 물자를 나르기 시작했습니다. 여기에 경전선이 있습니다. 광주 송정에서 부산 부전까지를 잇는 이 철도 노선은 1904년 1월부터 1968년 2월까지 각 구간을 순차적으로 개통했는데, 이는 영·호남 차별의 상징이기도 합니다. 전남 구간 개통 시점은 늦었고, 최고속도 역시 극히 낮았기 때문입니다.

게다가 호남선·전라선·경전선은 유기적으로 연계되지 못해 호남인들은, 느리고 불편한 철도 서비스를 수십 년간 감내하며 살아왔습니다. 김영록 전남도지사는 이 점을 매우 안타깝게 생각했습니다. 철도가 없었던 서남해안, 목포에서 영암·해남·강진·장흥과 보성을 연결하는 전남 남해선 개통을 서두르고, 시속 100km에 불과한 경전선 전남 구간을 직접 시승하면서 문제점을 부각시켰습

2019년 4월 27일 김영록 도지사는 경전선 고속화 사업의 시급성을 적극적으로 알리기 위해 '느림보 열차 한나절 체험 행사'를 가졌다.

니다. 그가 기반시설, 그중에서도 고속철도를 가장 중시한 이유는 물류와 사람을 신속하게 대량으로 운송할 수 있을 때 산업 유치, 관광 활성화, 지역 경제 부흥 등이 가능하다고 봤기 때문인데요.

일제는 대륙 침략이라는 그들의 목적 달성을 위해, 해방 이후에는 경제성이 낮다는 이유로 호남에 대한 정부의 철도 투자 규모는 인색하고, 투자 속도는 더딘 실정입니다. 이미 수도권, 영남권을 중심으로 기반·산업·편의시설이 구축되고 인구가 집적돼 있기 때문에 경제성을 따질 경우 호남은 불리할 수밖에 없지만, 균형을 잡기 위한 국가 차원의 노력이나 배려는 미미한 수준이었습니다. 이렇게 기반시설의 편차는 심해지고, 이어 경제적인 격차가 벌어지며 인구가 특정 지역에 쏠리는 현상이 심화되고 있는 것입니다.

일제강점기 이후
경제성 기준 삼아 느리고 불편함 지속

특히 해방 이후 40년 이상 전라선은 복선화·전철화·고속화 등 철도 서비스 향상을 위한 정부 투자가 아예 없었습니다. 1980년대 여수국가산업단지, 광양제철 등 산업적인 수요와 함께 여수, 순천 등을 찾는 수도권 관광객이 증가하면서 서비스 향상을 요구하는 목소리가 높아지면서 뒤늦게 투자가 시작됐는데요. 정부는 1989년 11월 복선전철화 및 선형 개량 공사 1단계, 1998년 6월 2단계에 착공해 2012년 여수세계박람회 개최를 앞둔 2011년 10월

김영록 도지사는 전라선의 고속철도 사업 관철에 의지를 갖고 노력해왔다. 2020년 11월 27일에는 김현미 당시 국토교통부 장관을 만나 이에 관해 논의했다.

완공했습니다. 여기에 전라남도가 복선전철화 사업 당시 남은 예산으로 고속철도가 속도를 낼 수 있는 준고속화 사업을 요구해 2012년 5월 완료하면서 현재의 시스템을 구축했습니다.

하지만 여전히 시속 230km 이상 고속을 낼 수 있는 구간은 순천-여수에 불과하고 선형이 굴곡진 전주-남원은 150km, 나머지 구간 역시 170km에 맴돌고 있습니다. 이에 김 지사는 정부에 전라선 고속철도 사업을 줄기차게 요구해 왔습니다. 과거 대량 운송 수단으로만 각광을 받았던 철도가 안전성·정시성에 고속 기능까지 장착하면서 지역 성장·발전에 필수불가결함에도 불구하고, 호남선에 이어 전라선까지 여전히 수요에 비해 '고속 기능'과 '적정한 운행 횟수'를 갖추지 못하고 있는 실정입니다.

김 지사는 취임과 동시에 전라선 고속철도 사업을 정부 계획에 반영시키려는 노력을 기울여 2021년 6월 늦었지만, 국토교통부의 '제4차 국가철도망 구축계획'에 포함시켰습니다. 익산-전주-남원-곡성-구례-순천-여수를 잇는 총연장 89.2km의 전라선에 3조 357억 원을 투입해 신설 개량하겠다는 것인데요. 최고 시속 350km로 달릴 수 있게 해 서울에서 여수까지 당초 2시간 40분대에서 34분이 단축된 2시간 10분대에 이동할 수 있도록 하겠다는 계획입니다.

해방 이후 40년간 그대로 전라선…
고속철도 사업 시작한 김 지사

그렇게도 외면했던 정부는 전라남도 민선 7기 들어 지역 내 정치권·시민사회단체·전문가 등이 총력을 기울여 청와대·국무총리실·국토교통부 등 중앙부처에 건의하는 등 각별한 노력을 기울이자 입장을 바꾼 것입니다. 그러나 국토교통부는 사업 예산을 줄이기 위해 노선 전체의 개량이 아닌 일부 구간 선형만 바로 잡는 수준으로 사업을 수정하면서 논란을 불러왔습니다. 1조 원 정도만 투입해 일부 구간의 선형을 개량하면 전체적으로 10분 정도 소요 시간을 단축할 수 있다고 설명한 것입니다.

김 지사는 이에 대해 분명한 반대 입장을 밝혔습니다. 서울과 여수까지 30분 이상 시간을 단축할 수 있도록 전라선 전체를 직선으로 정비해 명실상부한 고속철도가 되도록 해야 한다는 것입니다. 그는 전라선 주변 시·군 자치단체장, 국회의원 당선인 등 다수의 의견을 모아, 기획재정부와 국토교통부에 "전라선 고속화 사업의 예비타당성 신청을 철회하고, 시간 단축 효과가 큰 고속철도로 추진해 줄 것"을 끈질기게 건의했습니다.

김 지사는 정부가 과거 경제성 논리를 또다시 반복해 전라선의 서비스 수준을 조금 향상시키는 수준에서 마무리하려는 것을 도저히 묵과할 수 없었습니다. 단축 시간이 10분이냐 30분이냐의 문제가 아니라, 전남, 나아가 호남의 기반시설에 대한 정부의 자세를 직격한 것입니다. 생각보다 큰 반발에 직면한 국토교통부는 2024년 5월 자신들이 내놓은 안을 전격 보류하며 수정안을 만들었습니다. 5개월 뒤인 10월, 국토부와 기재부는 새로운 방안을 내놓았습니다.

30분 이상 단축 위해 정부 끝까지 설득, 예타 선정 이끌어

기재부는 2024년 제7차 재정사업 평가위원회에서 전라선 고속화 철도 사업을 예비타당성조사 대상 사업으로 선정했는데요. 약 2조 원을 투입해 고속주행이 가능하도록 굴곡·커브 등 선로를 개량, 고속화하겠다는 방안입니다. 용산에서 여수까지 현재 2시간 55분 이상 소요되고 있는데, 이를 2시간 30분 이내로 단축할 수 있다고 기재부는 설명했습니다.

전라선 종착역인 여수엑스포역 전경.

전라선 고속화 철도 사업은 당초 정부가 사업비 대비 효과가 작다고 판단해 정부 계획 반영, 예비타당성조사 대상사업 선정 등이 어려울 것으로 예상됐지만, 김 지사가 직접 사업 필요성을 청와대·정부 부처·정치권에 강하게 요청해 꺼져 가는 불씨를 되살렸습니다. 수도권의 일극 집중이 유지·강화되고 있는 실정에서 인구가 밀집된 수도권과 여수 등 전남 동부권을 고속철도로 연결시키는 것이 무엇보다 시급하다는 판단을 했기 때문입니다.

2025년 말 또는 2026년 초 예비타당성조사가 통과되면 기본계획 및 실시설계를 거쳐 전라선 고속화 철도 사업은 본격 추진될 것입니다. 전남, 나아가 호남의 기반시설을 영남·충청·수도권에 버금가도록 만드는 것이 아마도 국가균형발전의 첫 번째 조건이라고 할 수 있습니다. 고차원의 철도 서비스를 호남인들이 만끽하고, 세계인이 누구나 전남을 쉽게 찾을 수 있도록 김 지사의 노력은 계속될 것입니다.

김 지사는 "그동안 전라선 예타 대상 신청을 철회하는 등 우여곡절이 많았지만, 도민의 뜻을 모아 시작된 전라선 고속화 철도 사업이 전남과 전북 지역 교통 편의를 크게 개선, 지역 경제에 활력을 불어넣을 것으로 기대한다"며 "사업 추진이 원활히 진행되도록 국토교통부, 해당 시·군과 협력체계를 구축해 신속하게 사업에 착수할 수 있도록 하겠다"고 말했습니다.

여수·광양항의 세계 스마트 항만, 북극항로 거점으로 삼다

김영록 전남도지사가 민선 7기 이후 가장 중시한 것은 기반시설의 고도화입니다. 사람과 물류의 이동이 어렵고 비용과 시간이 더 들어야 하는 지역이 성장·발전하기는 불가능하기 때문입니다. 특히 수출을 위한 핵심시설인 항만으로의 접근성·편의성은 기업 유치 및 육성에 중요한 조건이 됩니다. 부산항과 함께 대한민국의 '투포트(Two Port)'인 여수·광양항의 위상을 정립하기 위해 김 지사는 노력을 기울여왔는데요.

여수·광양항
대한민국 투 포트 위상에 걸맞은 발전 전략 주도

노태우 정부부터 계속된 '투 포트 정책'에도 불구하고 여수·광양항은 컨테이너 물동량에서 부산항은 물론 인천항에도 밀리고 있습니다. 정부 투자가 부산항·인천항에 집중되고 있으며, 철강·화학 등 기간산업이 쇠락하고, 해외 수출 기업들이 전남에 자리하지 못하고 있는 것이 그 원인으로 분석됩니다. 김 지사는 민선 7기가 시작된 뒤 1년이 안 된 2019년 6월 여수·광양항 발전 전략 간담회를 정례화하기로 했습니다.

새로운 물동량 창출, 여수국가산업단지의 부족한 공업용지 공급 및 기업 유치, 여수·광양항의 체선율(부두에 접안하지 못하고 12시간 이상 대기하는 비율) 감축, 광양항 컨테이너부두 생산성 향상 등에 대해 더 심도 있게 논의해 관련 정책을 마련하겠다는 의지를 보인 것입니다. 우선 1974년 건설된 광양항 낙포부두의 리뉴얼 사업의 정부 예비타당성조사 통과에 전력을 기울여 2019년 8월 그 문턱을 넘었습니다.

2024년까지 1,606억 원을 투입해 3선석을 설치하는 사업으로, 이를 통해 부두의 안전성 문제 해결, 체선율 완화, 안정적 석유화학제품 원료 공급 등이 가능하게 됐습니다. 이어 광양항 인근 세풍·황금산업단지를 항만 배후단지로 지정하고, 우선 2020년 세풍산단 1단계 부지 매입비 25억 원을 국비로 지원하는 방안을 해양수산부에 건의하는 등 광양항에 대한 정부 지원을 촉구했습니

김영록 도지사가 2020년 9월 10일 여수·광양항 활성화 종합 대책을 발표하고 있다.

다. 이어 2020년 9월 김 지사는 여수·광양항의 새로운 비전을 제시하게 됩니다.

코로나19 팬데믹으로 인해 대형 선사가 이탈하는 등 어려운 상황에 직면한 여수·광양항을 2027년까지 3조 2,600억 원을 투자해 '아시아 최고 스마트 복합항만'으로 육성하겠다는 방침을 밝힌 것인데요. 그는 직접 이를 발표하면서 "총 물동량 5억t, 부가가치 2조 7,000억 원, 일자리 1만 6,000개를 창출하겠다"고 말했습니다. 이를 위해 단기적으로 물동량 증대를 위한 인센티브 지원, 항만 마케팅 강화, 지역 기관 협력체계 운영 등에 200억 원을 지원하고, 중장기전략으로 제2차 신항만 건설 기본계획에서 제시한 '스마트 복합항만'을 위해 3조 2,400억 원을 투자하겠다는 계획을 내놨습니다.

아시아 최고 스마트 복합항만으로 계획 …
3조 2,400억 원 투자 결정

중장기전략에는 컨테이너부두 활성화, 항만 기반시설 확충, 항만 배후단지 확대, 컨테이너부두 경쟁력 향상의 4개 사업에 17개 과제가 들어 있습니다. 전라남도, 여수시, 광양시, 광주전남연구원, 여수광양항만공사, 지역 대학, 전문기관 등이 연구그룹을 구성해 전략과 과제를 구체화하고, 여수·광양항 발전협의회를 내실 있게 운영해 필요한 정책을 정부에 건의하도록 하는 등 협력 시스템도 구축했습니다.

2021년은 여러모로 여수·광양항에 있어 중대한 전환점이 되는 해였습니다. 전라남도가 심혈을 기울여온 '광양항 3-2단계 자동화 컨테이너부두 항만 자동화 테스트베드' 구축 사업이 정부의 한국판 뉴딜 사업 10대 과제에 반영되고 제4차 항만 기본계획에 고시돼 2021년 4월 예비타당성조사가 본격 추진됐기 때문입니다. 이 사업은 총사업비 5,940억 원을 들여 완전 자동화 부두 5만t급 3선석과 2만t급 1선석 등 4선석을 구축해 국내 최초로 국내 기술을 활용해 전 영역에 항만 자동화를 구축하는 것을 골자로 합니다.

전라남도는 예비타당성조사 통과를 위해 해양수산부, 여수광양항만공사, 광양시, 광주전남발전연구원, 설계 용역사 등과 함께 공동 협업체계를 구성해 대응했는데, 다행히 7개월 뒤인 11월 예타를 넘어섰다는 희소식이 전해졌습니다. 예산이 6,915억 원으로

김영록 도지사는 2025년 1월 17일 여수·광양항을 현장 방문해 간담회를 열고 활성화 방안을 논의했다.

늘어나 자동화 하역 장비를 국내 기술 중심으로 도입하는 한편, 운영 건물·포장·통신 등 기반시설도 함께 구축하기로 했습니다.

국비 확보에 어려움을 겪으면서 당초 예상했던 것보다 늦은 2023년 12월 광양항 자동화 부두 구축 사업을 본격적으로 추진하게 되는데요. 사업비는 7,370억으로 증액됐으며, 2029년까지 단계별로 자동화 부두를 개장하기로 했습니다. 완전 자동화 항만 구축의 핵심장비인 무인 이송 장비의 부품 국산화율을 50% 이상 끌어올려 국내 주요 항만에도 보급해 '한국형 스마트 항만' 모델을 만들겠다는 계획입니다.

2021년 12월에는 여수 묘도 수도 직선화 사업도 예타 면제 사업으로 확정됐습니다. 여수국가산단을 왕래하는 위험물 취급 선박의 통항 안전성 확보를 위한 이 사업은 2023년부터 7년간 총사업비 1,374억 원을 들여 항로 폭을 185~205m에서 300m로 확장하고, 수심 10m, 준설 151만m^3, 암 발파 70만m^3 등을 추진하는 내용입니다. 광양항을 국내 최고 수준의 스마트 항만으로 탈바꿈시키면서 대형 선박의 접근성을 대폭 향상시킨다는 것입니다.

2025년 1월 광양항을 찾은 김 지사는 광양항 활성화를 위한 간담회를 갖고, 항만 자동화 테스트베드 사업 현장을 점검했습니다. 이 자리에서 그는 "광양항이 동북아 물류 중심지로 자리매김하려면, 항만 운영의 효율성과 경쟁력을 강화하는 것이 필수"라며 "항만 자동화는 이러한 경쟁력 강화를 위한 중요한 열쇠가 될 것"이라고 말했습니다. 이어 "항만의 경쟁력을 높이는 동시에 물류의 흐름을 더욱 원활하게 할 수 있는 방안을 찾아내야 한다"고 당부했는데요.

이 자리에서 '광양항 항만 자동화 테스트베드' 조성 외에도 물류 효율성 제고를 위해 '광양항-율촌산단 연결도로' 적기 개설, 스마트 항만 전문인력 양성을 위한 '광양항만연수원 설립' 등에 나설 계획도 밝혔습니다.

북극항로 거점항만 강점
정부에 적극 건의해 관철시켜

이재명 정부 출범 이후 새롭게 조명 받고 있는 북극항로 개척에 있어 김 지사는 여수·광양항을 거점항만으로 삼아야 한다고

김영록 도지사는 여수·광양항을 북극항로 거점항만으로 구축하기 위해 최선을 다하고 있다. 2025년 7월 11일에는 전남도청에서 관련 정책 세미나를 개최했다.

주장해 관철시켰습니다. 북극항로는 북극해를 경유해 유럽과 아시아를 잇는 해상 항로로, 지구온난화에 따라 북극의 얼음이 녹으면서 최근 새로운 무역 항로로 주목을 받고 있습니다. 수에즈운하에 버금가는 효과를 누리기 위해 대한민국만이 아니라 일본, 중국도 북극항로에 높은 관심을 보이며 개척에 나서고 있는데요.

자칫 북극항로 논의에서 여수·광양항이 제외될 처지에 놓여 있었는데, 이를 김 지사가 곧바로 지적해 바로잡았습니다. 여수·광양항이 원유와 벌크화물 처리에 특화됐으며, 북극항로와 산업 구조적 연계성이 높다는 강점을 내세워 정부를 설득했는데요. 2023년 기준 북극항로 운항 선박의 99%가 원유, LNG, 철광석 등 비컨테이너 화물선이었다는 점을 지적한 것입니다.

그는 2025년 7월 전남도청에서 '북극항로 시대, 여수·광양항의 역할과 성장전략'을 주제로 정책 세미나를 열어 전략과 실행과제를 집중 논의한 뒤 곧바로 국회에서 같은 세미나를 열어 정책적 지원과 제도적 기반 마련을 촉구했습니다. 이와 함께 북극항로 거점항만으로 거듭나기 위해서는 에너지 허브 항만 구축, 친환경 벙커링 기지 조성, 수리조선 산업 특화 등 3대 전략이 필요하다고 역설했습니다.

김 지사는 부산항에 이어 인천항에도 뒤지고 있는 여수·광양항의 미래 비전으로 '아시아 최고 스마트 복합항만'과 '북극항로 거점항만'을 설정했습니다. 도민, 전문가, 지역 정치권에 이어 국회, 정부 부처 등과 공감대를 만들어 내면서, 예비타당성조사의 문턱을 넘고 국비 지원을 이끌어 냈습니다.

무엇보다 여수·광양항이 성장하기 위해서는 배후 산업단지가 더 확장되고, 그러기 위해서는 지역 산업 체계가 더욱 확고하게 작동해야 한다는 것을 내다봤습니다. 철강·석유화학 산업 경쟁력을 높이기 위해 '위기 대응 추진단'을 설치하고, 신소재·이차전지·바이오·백신·반도체·드론·우주항공·미래형 자동차 등 전략산업을 집중 육성하기 위해 전략산업국을 AI·에너지 미래도시 기획전략본부로 확대 개편하는 것을 공식화한 것입니다. 김 지사는 필요하다고 생각되면 신속하게 조직을 재정비해 전남도청 공직사회를 최대한 효율적이면서, 신속하게 현장 대응이 가능하도록 이끌었다는 평가를 받고 있습니다.

김영록의 정책,
혁신적 사고·미래 지향적 판단·
신속 면밀한 실천력 갖춰

◆ 임혁백 고려대학교 명예교수

지금 세계는 제4차 산업혁명을 선도하기 위한 치열한 경쟁에 들어가 있다. 18세기 말 영국에서 증기기관의 동력에 기반을 둔 기계화로 제1차 산업혁명이 일어났고, 20세기 초 미국에서 전기에너지를 기반으로 한 컨베이어 벨트 대량생산으로 제2차 산업혁명이 태동했으며, 20세기 말 컴퓨터와 인터넷 기반의 제3차 산업혁명이 진행되고 있는 와중에 숨 가쁘게 초연결·초지능화를 통한 인공지능(AI) 기반의 제4차 산업혁명에 진입하고 있다.

한국은 제1차 산업혁명과 제2차 산업혁명을 압축적으로 달성함으로써 산업혁명의 선두주자와의 시간차를 단축시킬 수 있었다. 박정희 전 대통령은 국가 주도의 중화학공업화로 서구에서

100년이 넘게 진행됐던 제1차·제2차 산업혁명을 한 세대에 달성할 수 있었다. 김영삼 전 대통령은 세계화의 시대를 열었고, 김대중 전 대통령은 지식정보화를 기반으로 한 제3차 산업혁명을 이끌었다. 노무현 전 대통령은 세계 여러 나라와 자유무역협정을 체결하여 경제영토를 확장했다.

김영록 전남도지사는 전라남도에서 제3차 산업혁명을 완료하고 제4차 산업혁명을 도약시키기 위해 오늘도 분투하고 있다. 김 지사는 "백성이 목자를 위해 사는 것이 아니라, 목자가 백성을 위해서 일해야 한다"는 다산 정약용 선생이 《목민심서(牧民心書)》에서 이야기한 목민관의 역할을 충실히 수행하고 있는 도백(道伯)이다.

김 지사의 제3차·제4차 산업혁명 추진 성과는 눈부시다. 제4차 산업혁명 시대의 새로운 전남의 미래를 그려냈고, 이러한 미래의 꿈을 실현시키기 위해 노력하고 있다. 2018년 민선 7기 출범과 함께 천혜의 자연자원을 가진 전남의 장점을 제대로 파악하고, 해상풍력과 태양광을 중심으로 한 재생에너지로 첨단 미래 산업 생태계를 조성하겠다는 목표를 세운 것은 미래를 내다보는 그의 혜안과 역량을 보여 준다. 김 지사는 'RE100 국가시범 산업단지', '에너지 기본소득', '해상풍력 8.2기가와트 프로젝트', '에너지 고속도로' 등의 추진을 통해 에너지 제4차 산업혁명에서 전남을 선두에 서게 했다. 김 지사는 해상풍력 선진국 덴마크·노르웨이 등을 찾아가 배우고, 어민들을 설득해 대규모 해상풍력단지 조성에 나섰으며, 재생에너지를 공급받을 데이터센터 유치를 위해 투자자들을 만나 설득하는 등 그의 행보에는 거침이 없다.

어려운 현실에서도 끈질기게 정부를 설득하고, 법·제도 제정 및 개정에 나섰으며, 도민과 중앙정부와 공감대를 형성하기 위해 소통했다. 지금 에너지 대전환을 위한 김영록 브랜드와 정책들이 이재명 정부와 만나면서 빛을 발휘하고 있다. 오픈AI와 SK가 데이터센터 부지로, 삼성SDS 컨소시엄이 국가 AI 컴퓨팅센터 부지로 전남을 선택한 것은 김 지사의 선제적인 유치 노력이 있었기 때문이다.

김영록의 정책들을 들여다보면 우선 따뜻하다. 국회의원일 때는 지역민과 사회적 약자, 농축산식품부 장관일 때는 농축산인과 국민, 전남도지사로 일하면서는 전남과 도민을 가장 앞에 두고 정책을 구상하고 추진했다. 김 지사는 자신이 생각한 대로 효과가 있을지를 현장에서 정책 수혜자들과 충분히 의견을 나누고 검증한 뒤 실행에 나서는 '현장지도형' 행정가의 꼼꼼함도 갖췄다.

방향성도 뛰어나다. 대한민국이 압축성장으로 이룩해낸 경제적 풍요 뒤에 어둡게 자리하고 있는 양극화, 저출생, 지방소멸 위기 등에 있어 훌륭한 맞춤형 대책을 제시했다. 정부, 지방자치단체, 공기업, 시민사회단체 등 공공의 역할을 보다 구체적으로 명시하며, 지속 가능한 지방, 나아가 대한민국을 만들어내는 데 크게 기여했다.

미래를 내다보는 혜안도 갖고 있다. 자신이 보고 들은 것들만이 아니라 책을 읽으면서 또는 주변인들에게 얻은 다양한 정보들 속에 필요한 것들을 선별하는 능력을 갖췄기 때문일 것이다. 그는 과거를 분명하게 밝히는 바탕 위에서 미래를 위한 통찰을 도모하는 혁신적인 도백이다(彰往察來, 周易 繫辭下傳).

춘추시대의 관자(管子)는 일년지계는 곡식을 심는 것이고, 십년지계는 나무를 심는 것이며, 백년지계는 사람을 키우고 교육하는 것이라고 했다. 현대에 들어와 관자의 시대보다 인간의 가치가 더 중요해지고 있고, 따라서 국민을 키우고 교육하여 국민의 가치를 높이는 일이 국가의 가장 중요한 책무가 되고 있다.

김 지사는 전남도민의 인적 가치를 높이기 위해 온 힘을 다하고 있다. 30년 전남도민의 숙원인 국립 의대 유치에 과감하게 나서는 그의 결단력과 추진력에는 혀를 내두를 정도다. 방향이 옳고, 도민이 바라고, 더 나은 미래에 보탬이 된다면 그는 좌고우면 없이 직진하고 있다. '출생 기본수당', '인재 고속도로', '복지기동대' 등의 정책은 정부 부처가 마땅히 따라 해야 할 정책들이다.

사마천은 《사기(史記)》에서 "나라의 안위는 어떤 정책을 쓰느냐에 달려 있고, 나라의 존망은 어떤 사람을 쓰느냐에 달려 있다(安危在出令 存亡在所用)"는 주보언(主父偃)의 상소를 인용하고 있다. 주보언은 이 내용이 포함된 상소문을 한나라 무제에게 올린 뒤 낭중으로 발탁됐다.

김 지사는 당리당략과 이전투구의 현실 정치 속에서도 나라의 안위가 달린 정책의 구상과 발굴에 힘쓰고 있다. 혁신적인 사고와 미래 지향적인 판단, 신속하며 면밀한 실천력으로 전라남도를 이끌고 있는 우리 시대의 행정가이자 정치가이다. 김 지사처럼 혁신적인 정책을 발굴하고 실행에 옮겨야 대한민국의 미래는 지금보다 밝아질 수 있고 한 단계 더 업그레이드될 것이다.

　앞으로 김영록 브랜드의 혁신적이면서 따뜻한 정책을 더 기대한다. 그의 경험과 지혜, 현장 파악력과 소통 능력, 정책 구상 및 실천력 등은 시간이 갈수록 더해지고 있다. 작은 문제라도 성실하고 열심히 대하려는 그의 자세를 오랜 기간 지켜보며, 정책 전문가로서 지역민·국민에 더 봉사하였으면 하는 바람이 크다. 모든 공직자가 김영록의 정책을 보고 배우기를 권한다.

기본권 보장의 주체가
공공이라는 점을
명확히 한 김영록의 정책

◆ 이한주 경제·인문사회연구회 이사장

대한민국은 세계 어느 국가도 가보지 못한 길을 걷고 있다. 유럽, 북미 등의 선진국들이 수백 년간 쌓아 올린 민주주의와 경제 발전을 80년도 안 돼 이룩해 냈다. 영민함과 성실함을 갖춘 국민이 그 원동력이었으며, 뛰어난 리더들이 빛나는 정책으로 이들을 잘 이끌어 줬기에 가능한 일이었다.

인간과 사물은 시간의 영향에서 자유로울 수 없다. 지금 대한민국의 성취가 단기간에 달성한 것이기에 그로 인한 부작용은 다른 선진국의 그것에 비해 더 독하고, 더 단단하게 사회 곳곳에 자리하고 있는 것이다. 사실 양극화, 극한 갈등과 대립, 지방의 인구 소멸 위기, 저출생 등의 현안은 과연 해결될 수 있을지 걱정이 앞선다. 시행착오를 거치며, 시나브로 논의와 협상, 타협과 양보를 통해 해결 방안을 찾을, 절대적인 시간이 부족했기 때문이다.

이 대단한 국가의 엄청난 성과를 모두가 나눠야 한다는 사실은 명확하며, 절대선이다. 독점해서도 안 되며, 편취하는 것 역시 죄악이다. 이재명 대통령은 성남시장 시절부터 이를 고민하면서, '기본사회'라는 정책을 내놓았다. 경기도지사로 일하면서 제시한 청년 배당, 무상 산후조리, 무상 교복 지원 등 '3대 무상 정책' 역시 우리 사회가 지켜 줘야 할 근간과 관련돼 있다.

우리 헌법 제10조는 "모든 국민은 인간으로서의 존엄과 가치를 가지며, 행복을 추구할 권리를 가진다. 국가는 개인이 가지는 불가침의 기본적 인권을 확인하고 이를 보장할 의무를 진다"고 규정한다. 국민 모두는 기본적인 인권과 행복을 추구할 권리를 가지고 태어나며, 국가는 이를 최대한 보장해야 한다는 매우 중요한 헌법 조문이다.

'기본사회'는 기본권을 최대한 보장하는 사회를 의미한다. 민주주의가 곳곳에서 실현되고, 어떠한 경우에도 최소한의 소득을 받을 수 있으며, 우리가 누릴 수 있는 사회적 서비스도 확장되는 대한민국이 돼야 하는 것이다. 이재명 정부의 국정기획위원회는 이러한 측면에서 정부가 나아가야 할 방향을 회복·성장·행복으로 설정한 바 있다. 민주주의와 경제를 회복하고, 지속 가능한 진짜 성장, 즉 기술 주도의 모두가 누리는 성장을 통해 국민 모두가 행복할 수 있도록 정치가, 정부가, 국가가 제대로 그 역할을 해야 할 것이다.

김영록 전남도지사가 정책집을 냈다. 여기에서, '기본'을 지켜야 할 주체가 공공임을 명확히 하고 있다는 점에서 반갑다. 공적 책무를 가진 정부, 지방자치단체, 공공기관, 시민사회단체 등 모든 주체가 보다 적극적으로 시민, 지역민, 국민의 일상을 지키는 든든한 배경이 돼야 한다. 다른 선진국에 비해 공적 서비스가 취약한 대한민국, 무엇보다 인구·자본 등 모든 것이 수도권으로 집중되면서 소멸 위기에 처한 전남에서 '기본'을 지켜내기는 매우 어려운 현실이다.

하지만 그는 국립 의대 설립 추진을 시작으로 새천년 인재육성 프로젝트, 만원주택, 복지기동대, 출생 기본수당, 농어민 공익수당, 천원여객선, 소상공인 특별보증 등의 정책을 내놓았다. 열악한 재정 여건에도 불구하고, 청년, 신혼부부, 농어민, 섬 주민, 소상공인, 장애인 등 '기본'에 취약한 이들을 지키기 위해 세심하고 치밀한 방법을 제시했다.

산업화에서 소외돼 낙후된 전남을 위한 혁신적인 발전 방안도 제시하고 있다. 도로·철도·공항·항만 등 기반시설을 신속하게 정비·개선해 접근성을 높이는 한편, 해상풍력·태양광 등 재생에너지 산업을 일으켜 데이터센터·반도체 등 첨단 미래 산업과의 연계를 시도하고 있는 것이다. 이재명 정부와의 적극적인 협력이 기대되는 대목이다.

정부와 지방자치단체, 모든 공적 기관들은 좋은 정책을 발굴하고, 시행하며, 개선하려는 노력을 기울여야 한다. 그것은 의무다. 국민의 선택을 받아야 하는 정치인은 국민의 목소리에 귀를 기울여 이를 반영하는 정책으로 공직사회를 이끌어야 한다. 김 지사의 뜨거운 열정과 역량이 훌륭한 정책과 성과로 이어지길 바란다.

실용적인 정책 연구자로서,《김영록의 모두를 위한 정책》을 읽어 보기를 공직자, 정치인은 물론 국민 모두에게 권장하고 싶다.

전남의 가슴 벅찬 기회와
곧 현실이 될 미래를
열어 가고 있는 김영록

◆ 송하철 국가중심국공립대학 총장협의회장(국립 목포대학교 총장)

2025년 2월, 미국 순방에 나선 김영록 전남도지사가 명문 스탠퍼드대학에서 '한미 글로벌 혁신, AI 시대 도전과 협력의 비전'이라는 주제로 강연에 나섰다. 그는 이 자리에서 미국은 AI 소프트웨어, 대한민국은 AI 하드웨어와 제조 분야에 강점이 있다고 운을 뗐다. 이어 양국의 강점이 시너지 효과를 발휘할 수 있도록 첨단 AI 분야 공동 연구를 추진하고, 양국의 스타트업과 선도 기업 간 기술 개발 협력을 강화해야 한다는 비전을 제시했다. 이후 김 지사는 마치 강연 내용을 실현이라도 하려는 듯 미국 기업들과 해남 솔라시도에 대규모 데이터센터를 설립하는 양해각서(MOU)를 체결하고 귀국했다.

이때까지만 하더라도 전남이 AI 데이터센터의 허브가 되리라고 생각한 사람은 거의 없었을 것이다. 하지만 김 지사는 세계 곳곳에 AI데이터센터를 설치하고 있는 글로벌 초일류 기업들이 입지의 핵심 조건으로 드는 풍부한 재생에너지와 깨끗한 용수, 확장 가능한 부지 등을 전남이 모두 충족시킬 수 있다는 자신감을 갖고 있었다. 그가 데이터센터 유치에 나선 것은 지난 2022년부터다. 5년간 국내외 기업들을 상대로 수도 없이 문을 두드린 끝에 지난 10월 SK와 오픈AI의 AI데이터센터, 국가AI컴퓨팅센터의 전남 입지가 결정되면서 그 결실을 이룬 것이다.

이 같은 그의 끈질긴 도전에 대해, 국내 기업들이 수도권에 AI와 데이터센터 관련 시설을 구축하고 있는 상황에서 무모하다고 생각한 사람들이 대부분이었다. 하지만 민선 7기부터 해남 솔라시도 내외에 5.4GW의 태양광, 수상태양광 등의 재생에너지 생산시설을 계획하면서, 전남 서남해안 곳곳에 해상풍력단지 조성에 나선 김 지사는 언제나 자신 있게 재생에너지산업과 첨단 미래 산업을 묶어내 전남을 도약시키겠다고 말하곤 했었다. 그의 이러한 치밀한 준비는 이재명 정부의 '에너지 대전환' 기조와 맞닿으면서 드디어 그 빛을 발하고 있다. 마치 이러한 상황을 예견이라도 한 것일까.

그가 재생에너지를 기반으로 한 AI데이터센터 및 국가AI컴퓨팅센터 유치, RE100 산업단지와 분산에너지 특구 지정, 핵융합 핵심 기술을 개발할 인공태양 연구시설 등 2025년 들어 이뤄낸 것들은 하나하나가 거대한 프로젝트이지만, 실은 모든 것이 유기적으로 연결돼 있다는 것을 알 수 있다. 세계적인 에너지 대전환과 인공지능 시대의 도래, 인류의 지속 가능한 발전을 위한 거대 담론은 우리 일상은 물론 대한민국 중소기업의 제조 현장에 이르기까지 이미 엄청난 영향을 미치고 있다. 김 지사는 아마도 이러한 전개 상황을 예상하고, 준비에 들어갔을 것이다.

그를 오랜 기간 지켜봤는데, 거시적이고 미래를 직관하는 시각, 세계 경제와 산업의 메가 트랜드에 대한 유기적인 이해, 실물경제 현장의 문제점을 파악하고 이를 해결할 수 있는 통찰력과 추진력, 그리고 이를 반드시 이뤄내겠다는 집념을 가지고 있다. 동시에 관운이 좋고, 결정적일 때 누군가의 도움을 받아 위기를 극복하는 특별한 복이 있는 것 같다. 김 지사의 운과 복은 이러한 성품과 능력이 있었기 때문에 가능했을 것이다. 27년간 지방자치단체와 중앙정부에서 공직자로 일한 경험을 갖고, 18년간 국회의원과 장관, 전남도지사에 이르기까지 정치인으로서 민생 현장을 누비고 있는 그가 그 누구보다 부지런하다는 것도 언급하지 않을 수 없다.

우리는 지금 AI가 주도하는 초연결·초지능 기반의 제4차 산업혁명 시대를 맞이하고 있다. 제4차 산업혁명은 단순한 기술 진보에 그치지 않고, 우리 경제 구조는 물론 삶의 방식, 국가와 지역의 미래까지 근본적으로 뒤흔드는 거대한 전환이다. 전남이 이러한 판을 선도하는 꿈을 꿀 수 있게 된 것에 진심으로 벅찬 마음이다.

RE100 산업단지에 모여든 기업들이 주력산업과 AI의 융합을 선도하며 첨단산업의 메카로 부상하는 전남, 국립 의대 신설로 지역의 의료 인프라가 확충돼 누구나 수준 높은 의료 서비스를 받을 수 있는 전남, 지역 청년들이 떠나지 않고 오히려 좋은 일자리

를 찾아 타 지역 청년들이 찾아오면서 인구가 늘어가는 전남, 이
재명 대통령도 강조했던 국가균형발전의 최고의 선도모델로 지속
가능한 대한민국의 미래를 열어가는 전남, 첨단 글로벌 기업과 세
계적인 연구소들이 어우러진 전남에서 국립 목포대학교 역시 인
재양성과 연구개발(R&D)의 허브가 되는 날이 곧 올 것이라는 확
신이 가슴을 뛰게 한다. 전남의 가슴 벅찬 기회와 곧 현실이 될 미
래를 지역민과 더불어 김영록 전남도지사가 열어 가고 있다.

김영록의 모두를 위한 정책

지역을 아끼고 사람을 돌보는 리더의 진솔한 이야기

초판 1쇄 2025년 12월 22일

지은이 김영록 윤현석
펴낸이 김현종
기획총괄 배소라 **출판본부장** 안형태
편집 최세정 진용주 황정원 김수진 장진경
디자인 푸른나무디자인 **마케팅** 김예리 신잉걸
미디어·경영지원본부 정태준 문상철 이주리 백범선 남궁주철

펴낸곳 (주)메디치미디어
출판등록 2008년 8월 20일 제300-2008-76호
주소 서울특별시 중구 중림로7길 4
전화 02-735-3308 **팩스** 02-735-3309
이메일 medici@medicimedia.co.kr **홈페이지** medicimedia.co.kr
페이스북 medicimedia **인스타그램** medicimedia
유튜브 medici_media

© 김영록 윤현석, 2025
ISBN 979-11-5706-513-4 (03300)